成交的秘密

高情商销售的神奇话术

边　涛◎著

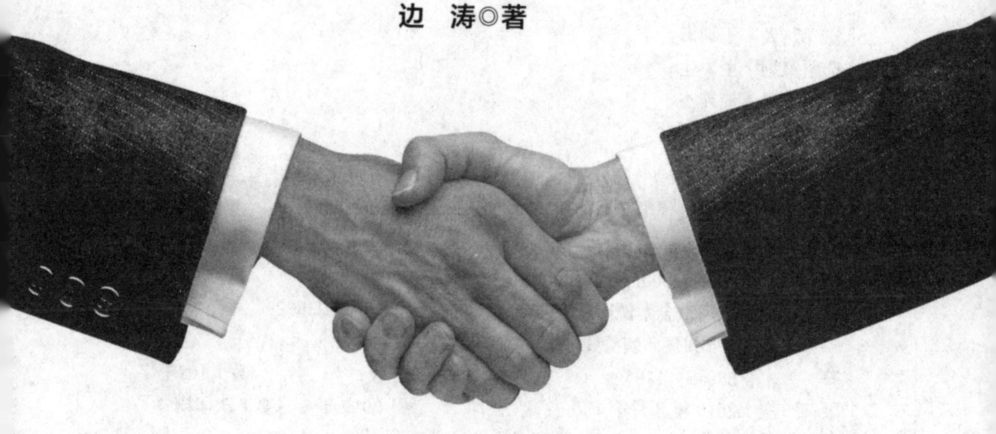

北京时代华文书局

图书在版编目（CIP）数据

成交的秘密 / 边涛著. -- 北京 : 北京时代华文书局, 2019.8
ISBN 978-7-5699-3125-9

Ⅰ. ①成… Ⅱ. ①边… Ⅲ. ①销售－商业心理学 Ⅳ. ①F713.55

中国版本图书馆 CIP 数据核字 (2019) 第 145838 号

成交的秘密
CHENGJIAO DE MIMI

著　者｜边　涛

出 版 人｜王训海
选题策划｜王　生
责任编辑｜周连杰
封面设计｜尚世视觉
责任印制｜刘　银

出版发行｜北京时代华文书局 http://www.bjsdsj.com.cn
北京市东城区安定门外大街136号皇城国际大厦A座8楼
邮编：100011　电话：010－64267955　64267677
印　刷｜三河市金泰源印务有限公司　电话：0316-3223899
（如发现印装质量问题，请与印刷厂联系调换）
开　本｜889mm×1194mm　1/32　印　张｜6　字　数｜109千字
版　次｜2019年8月第1版　印　次｜2019年8月第1次印刷
书　号｜ISBN 978-7-5699-3125-9
定　价｜38.00元

前　言

成交就是要玩转情商

很多销售员经常会遇到这样的问题：

刚刚说了一句“您好”，却遭遇冷言冷语；

我们热情招呼，顾客却沉默不语；

我们引导顾客体验，可他却无动于衷；

顾客很喜欢我们的东西，却拼命杀价；

眼看就要成交，却被一句话搞砸；

……

销售是一个与人打交道的过程，销售员的情商决定销售的成败，可以这样说，每一个成功的交易都是一次完美的与人交往的过程，每一个失败的交易必定是在交往中产生偏差！

人们往往认为，商品市场中的销售者只是在销售商品。其实，从沟通学的角度，从更高的层次来分析，销售者销售的其实是“人”。这才是买卖成功的秘诀，也是商品销售的最高境界。因为买卖双方如果认可了对方的“为人”，才更会在欲望的基础上形成动机，采取行动，实现成交。

所谓“高情商沟通”就是：人们分享信息、思想和情感的任何过程！

所谓“高情商销售沟通”就是：把销售看成销售方和顾客的沟通过程，销售方要主动捕捉顾客的信息，研究顾客的需求，有针对性地发布相关信息，促使顾客产生购买的欲望，促成销售的成功。

然而，沟通远不是一沟就通的，所以就有“有效沟通”与“无效沟通”之分。

有效沟通是将有意义的信息，通过适当的方式和必要的沟通渠道，由一个主体送达另一个主体，并为对方所接受的过程。非真实的信息自然不能进行有效沟通。有了真实的信息也需要沟通，也有选择渠道、选择方法的问题。信息的真实性，并不能保证沟通的有效性，以至沟通中出现“一只耳朵进、一只耳朵出”，甚至“充耳不闻”的现象，这就是无效沟通。其原因是不同的信息对于传递信息的方式、传递渠道的选择有要求，就是“一把钥匙开一把锁”。真实的信息，选择了不恰当的传递方式、不恰当的传递渠道进行传递，就会产生信息误解或扭曲，导致沟通受挫或受阻，有时甚至产生沟通障碍，产生“对牛弹琴”，更可能产生“逆反心理”，形成“顶牛”状态。

而且销售中的沟通，不是一成不变的，更没有固定的模式可以遵循。销售中的沟通必须根据不同消费者的不同需求，根据市场变化乃至细分市场的变化，创新不同的销售沟通方法。可以说，销售沟通蕴涵高度技巧，是一种艺术。

而真正的沟通，并非“花言巧语”“巧舌如簧”之类的吹嘘和欺骗，它是指销售员以诚实而科学的态度，向顾客介绍或解说产品的一种语言表达能力，从而得到客户的认同。而高情商沟通，是一个人语言积累运用和处理能力的体现。

本书以“高情商销售沟通”为核心理念，分上下两篇，分别从“销售沟通实务”与“销售沟通素养”两方面向读者阐述销售沟通的实用技能，书中引用了大量真实的销售案例，向读者展示了在每一个完整的销售过程中，每一个步骤要培养的沟通技能，为读者提供日常的沟通技能修炼的基础学习理论。

全书内容主要以方法、技巧为主，通过案例的形式，向读者展示了最为实用的行之有效的技巧与方法，力求让每一位销售员做到“看即能懂——懂即能用——用即有效”。

目 录
Contents

上篇　销售不是打嘴仗，而是拼情商

下篇　高情商销售，实战沟通打法

上篇

销售不是打嘴仗，而是拼情商

第一章　高情商的销售，都是聊天高手

1.销售“会说话”，客户才会“听话”

在新时代的销售工作中，作为销售人员，其最基本的日常工作就是要经常性地面对着形形色色的顾客，并时刻准备着去应对各种各样的突发事件。不论是与顾客的接触，包括微信、电话等联络，还是对突发事件的处理，都离不开双方之间的有效沟通，而这种有效沟通恰恰正是建立在销售人员出色的口才基础之上。

因此，销售人员需要具备一流的口才技巧。因为，在销售实践中，销售人员面对的更多的是对自己所销售商品不甚了解的顾客，如果缺乏相应的销售口才技巧，那么很难吸引顾客的注意力、打开销售局面，也就更谈不上商品的成功销售了。

一个经验不足的销售员，挎着一个小包走进了一家公司。进去之后，他径直走到最近的一张办公桌前，低声问道：“小姐，财务部在哪里？”

对方答道：“在斜对面。”

过了一会儿，财务部的出纳进来了，“主管，来了个销售验钞机的，要不要？”

“不要，这种小商贩的东西不可靠。”

出纳离开后，销售员又走进了主管的办公室，大概知道是主管不同意购买，于是就踌躇着走到桌边，一时间竟忘了称呼，唯唯诺诺地说道：“要不要验钞机，买一个吧。”他几乎是在用乞求的语气重复道。

“我们不需要，就这样吧。”主管头也不抬地说。

过了一会，一直没人理他，那位销售员自感无趣，碰了一鼻子灰，最后只好悄悄地退了出去。看起来，这个销售员是让人同情的，但我们应该知道的是，市场不相信眼泪，更不会去同情弱者。因为这个销售员的销售口才基本上没有任何技巧可言，平淡的话语很难让人对其人及商品产生兴趣，因此对他的拒绝也是情理之中的。

销售员要想成功地实现销售，一个至关重要的环节就是首先用自己的言谈来吸引客户的注意力，使客户对销售的对象产生兴趣，进而才有可能说服客户，并促使其最终做出购买的决定。在销售的过程中，应该想方设法通过短暂的接触和谈话来博取对方的好感，也就是要充分展示自己的口才魅力，这是进行成功销售的一个必要前提。日本著名销售之神原一平，在打开销售局面，取得客户对自己的信任上，有一套独特有效的方法：

“先生，您好！”

“你是谁啊？”

“我是明治保险公司的原一平，今天我到贵地，有两件事来专程请教您这位附近最有名的老板。”

“附近最有名的老板？”

“是啊！根据我调查的结果，大家都说这个问题最好请教您。”

“哦！大伙儿都说是我！真是不敢当，到底什么问题呢？”

“实不相瞒，就是如何有效地规避税收和风险的事。”

“站着不方便，请进来说话吧！”突然地销售，就像开始提及的那个销售人员，就未免显得有点儿唐突，而且很容易招致对方的反感，从而招致了客户的拒绝。如果先拐弯抹角地恭维客户一番，再根据自己的销售需要，提出相关的问题，就能够比较容易地获得对方的好感，那么，随后的销售过程就会顺利很多。

从以上反正两个销售实例我们不难发现，销售口才的好坏与得当与否，在很大程度上左右着销售工作的成败。

在当今社会，一个人要想在与别人的交往中取得有利地位，获得成功，就离不开一副好口才，而销售工作尤其如此。在面对顾客的销售过程中，如果我们连话都说不清楚，词不达意，与客户沟通起来总是说不到客户心里，难以打动对方，甚至让客户感觉别扭，也就根本谈不上销售的成功。可以说，作为销售员，口才的好坏直接关系到能否顺利将商品销售出去。可见，对于销售人员来说，要想赢得客户的喜欢与接纳，就必须具备一定的言谈能力与说话艺术，只有这样，才能打开与客户沟通的大门，彼此的心灵才能产生共鸣，并为双方的交易关系搭起一座桥梁。

2.预约客户的高情商秘诀

有销售经验的人都知道，前往客户处进行陌生拜访，并不是一种理想的销售方式，它的成功率也不高。可是，如果能提前预约到客户的话，那么就会极大地增强销售活动的针对性与成功率。

对销售员来讲，一旦能让客户接受了你的销售“预约”，那么你就已经完成了销售的关键性工作，接下来就是如何向客户介绍你的产品或服务了。

无数销售员的成功经验证明，预约客户的方法可以使销售工作变得更加容易。一旦你清楚地认识到预约客户的奥妙时，就不会再毫无目的地盲目奔走了，而只需努力地做好预约工作，就可以实现目标了。

首先对客户进行预约的好处在于：

第一，能够节约双方的时间。预约不但节省了销售员自己的时间，还节省了客户的时间。

第二，预约可以让客户产生这种想法：销售员知道他们很忙，所以才特意预约他们。他们会认为这是销售员在为他们着想，而且也是一种对他们的尊重。所以，在具体的接触过程中，这类客户自然就会珍惜和销售员在一起的时间，并且会更认真地听销售员的销售。

在预约客户的过程中，销售人员需要掌握一定的语言技巧。如果预约的客户是你认识的，应该很好处理。如果对方是你不认识的，他通常会问："你见我有什么事吗？"

你应该切记的是，这时可不是什么向客户销售的好机会，如果你说你想销售什么的话，那么很可能就会导致预约的失败。因为，在这时，你并不知道接电话的人是否需要你所销售的产品，所以正确的预约应该只是一次会谈而已。

所以，作为销售人员在给客户打预约电话时，要不断地提醒自己，千万不要谈生意。因为，此时你的任务只有一项，那就是成功预约到客户。

对销售员来讲，只要能让客户接受你销售的"预约"，你就已经完成了销售的一个关键环节，接下来就是如何向客户介绍你的产品或服务了。

在实际的销售过程中，我们经常会遇到一些很难约见的客户。然而，正是这些难以求见的客户，一旦和他们完成了预约，他们将会是最好的客户。只要你足够尊重他们，并把握住机会，他们一般是不会拒绝你的。

那么，在预约客户时需要注意哪些问题呢？以下就是和那些难以求见的客户打交道的行之有效的预约时的语言技巧。

技巧一："约翰先生，什么时间见您最好呢？早上还是下午？或是这个星期的什么时间？"

技巧二："这个星期由您安排时间，我们一起吃午饭好吗？12点或12点半都行。"

技巧三：如果客户的时间确实很紧，但又确实想见你的话，你可以这样问："您今天进城有车吗？"如果他说没有，你可以用自己的车去送他，还可以趁机向他解释："这样的话，我们就可以有几分钟在一起了。"

技巧四：如果预约的时间提前太多的话，你会发现许多客户会设法在预定下来的某个固定时间和你见面。例如，当你在本周五早上制订下一周的工作计划时，不妨先给一个客户打电话说："您好，我下星期三会到您的邻居家去，我可以去拜访您吗？"当对方同意后，你就可以和他定下具体的时间。

3.一见面，就让客户喜欢你

相信几乎每一个销售员都曾经遭遇过客户的冷遇，吃过闭门羹，特别是在对客户进行陌生拜访时就更是如此。而客户之所以冷遇销售人员，大多是出于他们的疑虑和反感——有的是对销售人员的疑虑和反感，有的是对产品的疑虑和反感。如何消除客户的冷遇和反感，是决定销售工作能够顺利进行的一个关键。这时，如果销售员拥有杰出的口才，就有助于消除客户的疑虑，促进交易的成功。

那么，如何才能消除客户的冷遇和反感呢？一种有效的方式就是真诚地赞美客户。赞美是增进双方之间情感交流的催化剂，如果一位销售员能以真诚的语言表达对客户的赞美的话，就会立即拉近和客户之间的距离。

弗兰克先生是美国最著名的保险销售员，在一次对陌生客户的拜访中，他就是采用这种赞美的方式，使一位对销售员极其反感的先生改变了对他的看法，而且后来他们还成为好朋友。在销售的过程中，弗兰克是这样与对方进行交流的：

吉姆先生是个大忙人，有许多保险销售员都想接近他，向他销售人寿保险，但是由于他对销售员非常反感，总是不给他们好脸色看，所以很多人最终都是碰壁而归。当弗兰克第一次前去拜访他时，开始也遇到了同样的冷遇，但最终他居然取得了成功。下面就是弗兰克第一次和罗斯先生见面时的谈话，请注意他是如何获得吉姆先生的冷遇的：

弗兰克："吉姆先生您好，我是保险公司的销售员弗兰克，您认识沃克先生吗？就是他介绍我来的。"

话毕，弗兰克把沃克先生亲笔签名的名片递给了吉姆先生。

吉姆先生看上去满脸的冰霜，他瞥了一眼那张名片，扔在桌子上，嘟囔着说："又是一个销售员。"

弗兰克说："是的……"

在他还没有来得及进一步说明情况时，吉姆先生就已经打断了他："你已经是今天第10个销售员了。我还有很多事情要做，不能花时间听你们这些销售员的话，不要再做无用功了，我没有时间。"

弗兰克："我只打扰您一会儿，请允许我做个自我介绍吧。我这次来，只是想和您约一下明天的时间，如果不行的话，再晚些时候也行。您看上午还是下午？我只需要20分钟就够了。"

吉姆："我已经说过了，我根本没有时间。"

弗兰克用了整整一分钟，仔细地看着放在地板上的产品，问道："您的工厂生产这些东西吗？"

吉姆："是的。"

弗兰克："您从事这一行有多长时间了？"

吉姆："哦，有二十多年了。"

弗兰克：“您是如何开始干这一行的？”

吉姆先生仰身靠在椅背上，态度突然变得亲切地说：“这说起来话就长了。我17岁那年就到一家工厂打工，在那里没日没夜地干了10年。后来，我就开了现在这家公司。”

弗兰克：“您是当地出生的吗？”

吉姆：“不，我出生在瑞士。”

弗兰克：“那您肯定是在年龄很小的时候就出来了？”

吉姆：“是的，我离开家时只有14岁，曾在德国待了一段时间。后来，我才来到美国的。”

弗兰克：“那您肯定是带了大笔的资金，来这儿开拓事业的。”

吉姆先生微笑着说：“我是从300美元起家的。干到现在，已经有了300万美元。”

弗兰克：“看看您这些产品的生产过程，肯定是很有意思的事。”

吉姆先生站起身来，走到弗兰克身边说：“不错！我们的确为自己的产品感到骄傲。我相信，这些产品在市场上是最好的。你愿不愿意去工厂，看看这些东西是怎么生产出来的？”

弗兰克：“如果您愿意的话，我真的很高兴。”

然后，吉姆先生像老朋友一样将手搭在弗兰克肩膀上，陪着弗兰克一起去参观工厂……就是这样，弗兰克在第一次和罗斯先生见面时，并没有向他卖出任何保险，而是对他的事业表现出极大的兴趣，并对他的创业经历给予了真诚的赞美，从而为双方的沟通打开了局面，并由此赢得了吉姆先生的好感与信任。但是在那以后的十几年时间里，弗兰克向吉姆先生卖了将近二十份保险，还向他的儿子们卖出了六份。弗兰克不仅赚了不少钱，还和他成了好朋友。

4.在初步接触，就要找到突破口

随着市场上商品的越来越丰富与竞争的越来越激烈，现在的客户也变得越来越理智，说服他们去购买你的产品的难度也越来越大。但我们应该知道的是，这个世界上本来就没有好办的事，但也没有办不成的事。这种严峻的市场现实，对广大从事销售工作的人员来说，不仅仅只是一种挑战，而且更是一种机遇。因为，机遇永远只会垂青于那些有准备的人，但问题的关键是，对此，你准备好了吗？

销售是一项极具挑战性的工作，它要求从业人员要根据市场的变化及客户消费心理的变化，来不断地对自己的销售策略与沟通技巧进行优化调整。必须承认的是，现在的客户正变得越来越理智，他们不会再因为花言巧语就轻易地掏出自己的钱包，但是我们应该知道，如果能够在销售用语上多花费一些心思，有时确实能够起到意想不到的效果，能够将“一盘死棋”

彻底盘活，这种逆转，从以下的案例中可见一斑。美国新泽西州的一对老夫妇准备卖掉他们的房子，他们委托一位房地产经纪公司承销。这家经纪公司为这栋房子在报纸上刊登了一个广告，广告的内容很简短：“出售住宅一套，有六个房间，壁炉、车库、浴室一应俱全，交通十分方便。”

但是，广告刊出一个多月后仍然无人问津。无奈之下，那对老夫妇只好又登了一次广告，这次他们亲自撰写了广告词：“住在这所房子里，我们感到非常幸福。只是由于两个卧室不够用，我们才决定搬家。如果您喜欢在春天呼吸湿润新鲜的空气，如果您喜欢夏天庭院里绿树成荫，如果您喜欢在秋天一边欣赏音乐一边透过宽敞的落地窗极目远方，如果您喜欢在冬天的傍晚全家人守着温暖的壁炉喝咖啡，那么请您购买我们的这所房子，我们也只想把房子卖给这样的人。”结果，广告刊出还不到一个星期，他们就搬家了。这对老夫妇最终成功地销售出了他们的老房子，发生这种逆转的关键在于他们那更富煽动性、更具吸引力的销售广告语言。因为，他们的销售语言中不仅含有商品的信息，同时也运用了更具艺术性的语言将相关信息表述得更加新颖，更有针对性，从而增强信息刺激的力度，从而加速了客户将购买意图转化为购买行为的进程。

无数的成功销售实践一再证明，拥有一副好口才，特别是那种能够很好地抓住客户心理弱点的口才，是促成销售成功的一个关键前提。它完全能够使已经陷于僵局的销售工作取得重大突破。台湾某著名电脑公司销售员阿信苦闷极了，自己在销售电脑的过程中几乎绞尽了脑汁，去谈论产品的性能如何如何好，但客户们似乎都没有兴趣。电脑销售不出去，他对自己也越来越没有信心，于是心灰意冷地走进一家餐厅，闷闷不乐地自斟自饮。

坐在他邻桌的是一位太太正和她的两个孩子，他们正在吃午餐，那个男孩长得胖乎乎的，什么都吃，长得很结实；那个瘦弱的女孩却紧皱着眉头，举着一双筷子将盘子里的菜翻来拨去，就是不吃。

那位太太有些着急，轻声开导小女孩："别挑食，要多吃些蔬菜，不注意营养怎么能行呢？"这样一连说了几遍，但小女孩仍将嘴巴撅得老高，还是不肯吃。这位太太渐渐失去了耐心，不断地用手指敲桌面，脸上布满了怒容。

看到这种情景，阿信喃喃自语："这位太太的蔬菜跟我的电脑一样，'销售'不出去了。"正说话间，一位年轻服务员走近了那个小女孩，对着她的耳朵悄悄说了几句话。让人感到意外的是，听了服务员的话后，那女孩马上就大口大口地吃了起来，边吃边斜视着那个男孩。

那位太太很惊奇，就把服务员拉到一边问道："你用了什么办法，让我那犟丫头听话的？"

服务员微笑着说："马不想喝水的时候，随你死拉活拽它也不会靠近水槽，要想让它喝水，得先让它吃些盐，它口渴了，你再牵它去喝水，它就会乖乖地跟你走。太太，不瞒您说，你经常带孩子来吃饭，我也经常看到小男孩欺负小女孩。我刚才激妹妹说：'哥哥不是老欺侮你吗？吃了蔬菜，长得比他更胖，更有力气，看他还敢打你吗？'"

旁观的阿信听了暗暗叫绝："太妙了，我的电脑销售不也是这种道理吗！"有了这种想法后，他立即对自己曾经的失败销售经历进行了反思，找出了其症结所在，并对自己下一步的销售工作进行了优化调整，随后便开始了行动。

第二天，他敲开一家公司采购部负责人的办公室，这公司他以前曾经来过多次，但都没能成功。

这一次，阿信不再滔滔不绝地讲述产品性能，而是微笑着问："先生，我不想多说我的产品，我只想问贵公司目前最关心的是什么？贵公司目前为什么事而烦恼？"

对方叹了口气："承蒙先生这么关心，我就直说了吧，我们最头痛的问题，是如何减少存货，如何提高利率，您的产品我们真的没兴趣呀。"

阿信却没有说什么，马上回到电脑公司，请专家设计了一整套方案：如何使用自己公司的电脑，使公司存货减少，利润增加。

当阿信再度去拜访这个公司采购部负责人时，边出示那套方案，边热情介绍："先生，请您看一下这套方案，希望能够减轻您的烦恼。"

采购部负责人将信将疑地翻开那些资料，越看越高兴："先生，你的策划方案太好了！请将资料留下，我要向上级报告，我们肯定会向你订购电脑的。"

后来，他们果真向阿信定了一大批货。阿信的这种销售经历，真可谓是"山重水复疑无路，柳暗花明又一村"。

5.高情商的销售，都是高明的引导者

人们只有在真心喜欢一件商品，而且确实需要这种商品时，才会心甘情愿地去购买，而喜欢的基础便是好奇心与兴趣，是购买的欲望。正由于此，那些成功的销售人员总是善于从这个突破口入手，用自己巧舌如簧的口才去激发顾客的购买欲望。在20世纪60年代，美国有一位著名的销售员乔·格兰德尔，由于他经常在销售的过程中施展一些小招术，而被人们称为"花招先生"。他在拜访客户时，通常会把一个三分钟的蛋形计时器放在顾客的桌上，在顾客展现出惊奇的表情后，再对他们说："请您给我三分钟，三分钟一过，当最后一粒沙穿过玻璃瓶之后，如果您不再需要我继续讲下去，我就立即离开。"就这样，顾客就被他的这种离奇的言行吸引住了。

此外，他还会利用各式各样的花招，让自己有足够的时间来向客户销售，并让对方对他所销售的产品产生兴趣。

“太太，您可知道世界上最懒的东西是什么？”

顾客摇摇头，表示不知道。

“那就是您存放起来不花的钱，它们本来可以用来购买空调，让您度过一个凉爽的夏天。”销售员说。

他就是这样通过制造一些悬念，来激起对方的好奇，随后再顺水推舟地来推介自己的商品。格兰德尔的这种利用口才销售的方式，到后来逐渐发展成为一种有效的销售模式，其基本特征如下：

（1）在与顾客见面时进行恰当的提问

“您想知道，能够使你的营业额提高50%的方法吗？”

对于这种问题，相信大部分的人都会回答有兴趣。当顾客被这种问题吸引并为之所动时，销售人员就应该立即接着说：“我只占用您大概10分钟的时间来向您介绍这种方法，当您听完后，您完全可以自行地来判断这种方法是不是适合您。”

在这种情况下，由于销售人员已经提前告知了客户，不会占用他太多的时间，而且同时又让顾客明白了，在销售的过程中主动权是掌握在他们手中。这样就有效地消除了顾客的抵触心理，从而才能够使得销售活动能够进一步向前发展。

（2）高情商沟通能掌握销售的主动权

在与顾客接触的过程中，一个好的销售人员不能让顾客感到你是在强迫他们购买的，也就是要让他们认为主动权是在他们手中的，但是销售人员也必须掌握好一个度，即用你的言谈来牵引顾客的思路。

作为一个成功的销售员，就必须要让顾客的思想跟着你走。如果达不到这种程度，就不能将局面引向对自己有利的方面。这样下去的话，销售工作也就很难取得成功。所以在与顾客沟通的过程中必须要掌握主动权，而掌握主动权的关键又在于你的销售口才。

大量的销售实践证明，巧妙有效的语言表达，完全可以使本来极不利于自己的形势发生逆转。

一个销售员是这样开始与顾客沟通的："哦，好可爱的小狗，是英国的金毛寻回犬吧？"

顾客看到对方说话很友善，又在夸赞自己的小狗，心中很高兴，于是回答说："是的。"

销售员接着又说："这狗毛色真好，您一定经常给它洗澡，很累吧？"

顾客笑嘻嘻地答道："是啊，不过它也算是我的伴儿，给我的生活增添了不少快乐，习惯了，也就不觉得累了。"

销售员于是进一步分析说："人不能太孤独，是得有个陪伴，养犬是调节精神、有利身心健康的活动，我觉得应该大力提倡。”

顾客听了这位人士的话，心里感觉很舒服。于是，就和销售员攀谈了起来。而销售员也就抓住这个机会，并适时转换话题，来巧妙地推介自己的产品。这样情况下的销售，成功的概率也就比较大了。因此，销售员在接近顾客时，如果讲些容易被顾客接受的话题，尤其是一些对方感兴趣的话题，就很容易与对方攀谈起来，并将商品适时销售出去，这也是销售成功的一种屡试不爽的方法。

（3）高情商更能赢取顾客的信任

高情商沟通并不代表一定要口若悬河，并不是要具有把死人说活了的本事。一个称职的优秀销售员，在面对顾客时，他们会根据对方的脾气、性格与禀赋，来准确揣摩顾客的心理，抓住顾客的弱点，因人因情况来展开自己的销售活动，来准确地使用销售语言，而非使用一些让人难以置信的花巧辞令。准确抓住顾客的心理需求，言简意赅地介绍商品的性能、用途、质地以及维修、保养等知识，也许并不需要太多的、精彩的语言，就能够真正赢得顾客的信赖。有一位销售员到乡村去销售电饭锅。由于当时农村大多采用的还是原始的烧火煮饭，根本就不知道电饭锅是什么。只见这位销售员走进一个炊烟袅袅的农家，在厨房里一边帮主人烧火，一边感慨道：“要是做饭不用烧火该多好啊！”

主妇笑了起来："天下哪有这种好事啊，再说我们祖祖辈辈都是这么做饭的。"

"有啊，"销售员看时机成熟了，就拿着电饭锅，说，"我这口锅煮饭就不用烧柴，你不信的话，咱们可以试试看。"

说完，他便忙着放水，下米，插电源，同时向主妇解释其原理与使用方法。饭煮好后，主妇一尝，不烂不糊，味道很好。于是销售员乘机说："更妙的是，用这种锅煮饭你不用在一直在旁边看着，可以休息或干些别的事情。"主妇做梦也没有想到居然还有这种好用又方便的东西，而且这种产品是这位销售员专门挑选，为农村市场准备的，操作简便实用，物美价廉。于是那位早就想从繁忙的厨房事务中解脱出来的主妇，当即就决定买下了一台电饭锅，并且还跑到她的左邻右舍去介绍，做了义务销售员。

6.高情商的攻心说话术

归根结底，销售的过程就是销售人员对顾客的"说服"过程。一个称职的销售员应该在与顾客沟通的过程中，去消除顾客心中的一个个疑虑，最终说服他们做出购买的决定。这个"说服"过程的长短乃至成败与否，直接取决于销售员的口才技巧与说话艺术。哈罗德是一个成功的服装销售员，他专门面向高端顾客销售男士高级职业套装。

哈罗德的销售对象一般都是一些有较高社会地位的人，因此，他为自己设计了这样一种常见的接触客户时的开场白：“我到这儿是想成为您的服装供应商。我知道，如果您从我这儿买服装的话，您肯定是因为信任我，信任我的公司和我的产品。我希望您能对我有信心，首先我想向您先简单地介绍一下我自己。

“我做这份工作有几年时间了，在这之前我上过大学，专业就是时装设计，也学过纺织，我相信自己不会比别人差，尤其是在帮助您挑选适合您的服装时不会比别人逊色。

“我们公司已经三十多年的历史了，我们拥有自己的商店。自从开业以来，公司以每年20%的增长速度在扩展，而且大部分的销售额都来自回头客。我们愿意为顾客提供所需要的各式服装，而且一直努力希望成为行业的佼佼者。当然我们是否最好，就取决于您和其他顾客的判断了。我保证，只要您给我一点信心，看到我的产品，就会发现我们确实很棒。

“我公司生产职业套装、运动套装、休闲服饰、轻便大衣和家居服装等，只要是您需要的，我们都能生产。我们可以为您订做您喜欢的样式，所有服装都出自于我们自己的商店。您不可能从别人那里买到像我们这样做工精细，而且价钱如此公道的服装。当然，您可以买更昂贵的服装，也可以买更廉价的服装，但是您付出同样的价格从我公司购买时，您会得到更棒的产品，这也正是本公司最具竞争实力的地方。

“先生，您认为如何呢？”

哈罗德采取这种介绍方式已经许久了，而且也收到了非常好的效果。在销售过程中通过恰当得体的自我介绍来说服顾客听下去，来建立信任，并在建立信任的过程中进行销售。

有一次，哈罗德向一位律师销售几种西服，在哈罗德告诉他价格之前，他一直盯着两件西服看。

想了一会儿，他问哈罗德：“这两件多少钱？”

当哈罗德报出价钱后，他就不再说话了。根据多年的销售经验，哈罗德知道他是觉得贵了，知道除非自己能赢得对方的信任并能摆出理由让他相信，用比他以前所花的要多得多的钱来买这两套西服对他而言，是个明智的选择，不然的话这笔交易就很难完成了。

这时，哈罗德注意到停车坪上的新凯迪拉克（车检牌上说明那是这位律师的车），便装出一副神秘的样子问他：“我能问您一个问题吗？”

“问吧。”他回答说。

“您开的什么车？”

“哦，我有辆凯迪拉克。”

“那在这辆凯迪拉克前，您开什么车？”

“也是辆凯迪拉克。”

“在您开凯迪拉克前，您还开过什么牌子的车？”

“那是辆雪铁龙”。

“您记不记得，当您从雪铁龙换到凯迪拉克时对价钱是不是也很关心呢？”

他很快就理解了哈罗德的用意所在，说：“我明白了。”那时，价钱也就不再是个问题了，而他一下子就买了那两套西服。

如果一个时常在服装上花钱很少的顾客抱怨哈罗德产品的价格时，哈罗德也会说：“先生，我知道您觉得比您平时多付这100多美金是不值得的，我理解您的心情，但我相信，一旦您穿上我们生产的西服，您一定会觉得比以前更出色。我可以向您证明一下您应该信任我的产品，我愿意给您一个试穿的机会。这样好吗？在30天左右您可以拿到西服，然后还有60天的试穿时间，如果您觉得不值，可以随时把我叫过来，我会把那100多美金还给您。这样，您就不必比平常花的钱多了。”

这种做法也给哈罗德带来了不少成功的订单，而且还从未有人60天后要哈罗德退回100多美元，他们的反应通常是：“好，我想我该相信您……”或者别的相同意思的话。所以，我们说销售的过程就是一个说服的过程，销售现场也是销售人员口才水平的一个试金场，销售员话术水平的高低直接左右着销售活动的发展方向。

第二章　不懂客户心理，销售只能跑断腿

1.高情商的销售，都是心理专家

一个有经验的业务员，可以从客户的外貌、衣着、气质、行动、言谈举止等判断出这个客户的购买力。进而通过客户的种种表现，准确把握住客户的内心世界。

这就为实施下一步的隐秘说服，创造了有利条件。

往往表现得傲慢、漫不经心的客户是真正的大买家，对交易细节过分追求的人极有可能成为你的长期忠实客户。但是这些客户也是最难打发的，因为他们对品质的追求到了让人难以忍受的地步，比如大家都知道的日本客户，对产品的生产环节和品质要求非常地苛刻，以至于对方很难做。

而表现出很疲惫或者一副愧疚的样子的客户，他可能并不想接受你的服务，所以急于出手的你最好还是打住，以放松客户的心情为主。

气质高贵、衣饰考究、言辞犀利的客户可能一掷千金，让你赚个盆满钵满，对这样的客户就不要啰嗦俗套，因为他的到来肯定是已经看上你的产品或者服务了，所以你应该把重点放在交易过程、价格和售后服务上。

客户对看中的产品或者服务最关心的是价格和售后服务，尤其是当交易数量和数额相当大时，他就会考虑物有所值、买得称心如意，你的价格公道实惠，售后服务又好，会让客户在心理上认为自己买得正确，是合理的必要的投资，不至于后悔窝火，认为自己的眼力有问题。所以在对待这样的客户的问题上，说服一定要斩钉截铁、简洁明白、清晰有力，做到报价明晰，服务周到，不给客户太多的顾虑，始终让客户认为自己的选择是正确的，整个交易也是以他为主动、为核心的。

世上一切隐秘之事均存在于人的内心，全由人内心的变化而起，为着不可与人说的目的隐藏了起来。说服者要找到这些变化，了解其规律，并采用相应的策略来应对。

古往今来，研究人的内心心理的书籍可谓汗牛充栋，古代有相术卦理，现代有心理学学科研究。而在说服人的方面，很早就有演说、辩论术的研究。在古希腊，演说、辩论是发表政见的最常用的形式。在中国也有墨子与公输班论辩的记载，战国时期许多有识之士更是以说服为职业，游走于各诸侯国的君王之间，为实现自己的政治理想而奋斗。

斗转星移，现代的许多西方大国的元首在任职之前都要经过一系列的政治演说说服民众、战胜竞选对手，才能宣誓就职，就连作为社会的良心、为他人伸张正义的律师也要有一口超群的辩才，才能肩负起为自己的辩护人维权的责任。

然而，人的心理瞬息万变，似乎是难以捉摸的。就像小儿的任性多变，恋人的神秘难懂。这给我们的说服带来了很大的障碍，总是出现所答非所问、有心栽花花不活、事倍功半的情况。为什么出了力却不讨好呢？

这是你没有研究透你所要说服的人的心理所致。其实，人的隐秘内心还是可以掌握的，是有规律可循的，说服别人实现自己的意愿也是可行的，是有技巧可以探寻的。

尽管客户的心理很难把握，但我们还是可以在说服的过程中解读他的内心。这种解读往往要求我们和客户要有面对面的交锋！

而交锋的胜负，往往就取决于业务员的耐心和说服智慧。

耐心的效用：

（1）可以拖垮客户强烈的戒备心理，让他感觉在这场心理游戏中没有了优势所带来的乐趣，他已经备感疲倦以至心力交瘁，只想早日获得解脱。

（2）让客户觉得你对这场心理游戏的角逐充满信心，而且你的坚持也让他看到了你身上的某些优秀品质，觉得你是一个很敬业、有职业操守的人，从而对你乃至你的工作和业务能力产生信任感，进而产生购买你的产品或者服务的欲望。

而说服智慧的巧妙运用，可以让你一步一步解除客户自造的重重心理铠甲。如果说客户是寒冰，那么你就是温热的水，让他在无边渗透的温暖里慢慢融化！

这种技巧，在下面这个案例中得到了精彩的演绎。周黎是某广告公司的业务员，她在某知名公司收取一笔广告费时遇到了麻烦。

事情是这样的，在“五一”前夕，广告公司会将全市的知名企业归类整合成统一的广告版面向广大消费者做宣传。由于本单位和该公司以前有过业务来往，所以周黎没有像对其他客户那样去亲自拜访，而是以电话形式敲定的。

但当版面出来以后，周黎按照惯例去收取广告费时，该公司的经理却怎么也不承认了。

不承认的原因是没有书面的协议以及合同，只有单方面的电话记录不能作为收费的依据。虽然广告公司以前和该公司有过业务往来，但是交易不是周黎完成的，这个客户是广告公司其他的业务员跟的。对方的经理和周黎在此之前也不熟，更不要说谈业务了。

周黎必须收回广告费，这是和她的工资挂钩的，收不回来对于她的收入而言是个损失，对她在公司刚刚建立起来的威信也是极大的打击。

当她看到那个经理在接见她时的傲慢和得意，心里就涌起一股无名的怒火！但她明白，必须理智才能讨回广告费，才能赢得这个客户对自己的尊重。

于是，她调查清楚了该经理的上班规律，知道他是一周上六天班，星期天休息，通常都是上午9点到下午5点之前必定在公司的。而且避开生意人的禁忌——清早一开张或者刚办公是不接待收款的人的，认为不吉利。

所以她选择在上午10：30~11：00的时段去拜访他。

刚开始，那个经理客气地接待了她，但在还款的问题上坚决予以否认。于是周黎先拿出刊登该公司广告的版面以及电话记录，包括公司开具的发票、协议和合约，表明这件事是确实发生了的，是有合法手续的；进而表明广告宣传的必要性——对该公司这样的大企业是有百利而无一害的。最后，表明两家公司以前就有良好的合作历史，是有坚实的商业合作基础的，不论是哪一个业务员做的单，其实都是代表两家公司的合作的，是两家公司的利益和友谊的结合，而不是为了某个个人的利益而言的，最后，她也亮出了职场许多业务员的“撒手锏”——“您是公司的经理，对公司的大小事务都是有决策权的，这区区广告费对您来说根本就不在话下，何况我们现在也熟悉了，以后还是有很多的合作机会的。倘若因为这么一点蝇头小利，耽误了您的宝贵时间和我们两家公司以前愉快合作的基础是不值得的！”可以看出，在利用这个所谓的“撒手锏”时，周黎没有像一般业务员那样对这个经理的职权加以夸张的恭维和对其过分施压。而是以两家公司的利益为重，把两家公司以后继续合作的前景作为了说服重点，这其中的轻重她想那个经理是会掂量的。因为全市有影响力的广告公司也就那么几家，何况自己公司的优势就是在价格方面，如果他决绝地一意孤行，可能就要花费更大的成本来做相同效力的宣传了。

但经理因为话已出口，不好收回，还是不愿缴款。于是周黎只有下次再来，但此后的几次对方都非常冷淡，几乎对她置之不理。

周黎没有争吵，对方的业务繁忙，办公室里来来往往的人很多，有的是对方的长期客户，所以周黎只是坐在一边静观，不发一言，她也不想让对方因此失去业务。但是这样对方还是受不了，于是对周黎说：“我下个星期要出差，你还是回去吧。”周黎问清楚出差时间是一个星期，于是信守承诺，一个多星期没有出现在该公司。

等那个经理出差回来的第三天，周黎再次去催款。这个时候，那位经理已经彻底缴械了，而且对周黎的业务工作大加赞赏，说：“像你这样有见地、有吃苦精神的业务员，就是神鬼也不敢拦道啊，我们公司的业务员要是都有你这样的职业精神，我们公司会变得更强大！”

他还向周黎说起自己年轻时跑业务的经历，并语重心长地向她传授了一些自己的业务心得。这位经理说笑是说笑，但在工作上还是很严谨的，他在向周黎所在的公司咨询、核实之后才在支票上签字并签署了合同。

2.准确把握眼睛中传达出的信号

眼睛就是人的一扇窗户，你在想什么，通过这扇窗户看得一清二楚。事实上，在我们的肢体语言里，眼睛所传递的信号是最有价值也是最为准确的。为什么这么说呢？因为眼睛是传达身体感受的焦点，瞳孔的运动是独立、自觉，不受意识控制的。

销售人员在和客户交谈的过程中，时时注意观察他们的眼睛能更好地了解客户的真实想法。舌头能骗人，眼睛骗人可不是那么容易就能做到的，没有经过特工式的专业训练，普通人的眼睛简直就是他的内心！在谈话中常见的几种眼神中，隐藏着那些信息呢？

（1）注视——他的目光投向哪儿

彼此的眼神相交，是真正形成沟通和交流的基础。和客户交谈时，为什么有时会感觉舒服愉快，有时却感觉局促不安，甚至有时还会有赶快远离客户的想法。这些想法的产生因人而异，但追其源头都是从眼神开始的。在你和客户交流时，客户注视你的时间和面对你的注视所做出的反应，很大程度上决定了对你的态度。

一般情况下，两个人交谈时第一次目光接触，往往先移开视线的人比较弱势。很明显，保持注视对方的姿态，隐含着挑战的意味。当你和客户对视的时候，有没有体会到这一点呢？仔细观察你会发现，当客户对你的观点不认同时，他往往会长久地注视你。所以，不要以为客户盯着你看就是喜欢你，关注你。如果客户转移目光，很可能代表着他已经被你的话打动了，表示了“屈服”。

（2）斜视——我不是很确定

客户转移了视线，目光变得游离起来，不是正视你，而是斜视，这又代表着什么呢？斜视的内容很丰富，有可能表示感兴趣，也可能表示不确定，还可能是敌意。如何区分呢？

当客户斜视时眉毛微微上扬或者面带笑容，很可能就表示对你的话很感兴趣，恋爱中的女孩子经常将之作为求爱的信号。

如果斜视时眉毛压低、眉头紧皱或者嘴角下拉，那就很可能代表的是猜疑或者是敌意。人们都有这样的心理：面对一个你不想见到的人，你不经意地就会去看别的地方，尽可能地摆脱这个人。把目光转向其他地方，通常是对谈话失去兴趣的表现。所以，在和客户交谈的时候，千万不能斜视，以免引起客户不快。当客户斜视我们的时候，我们要想办法把客户的眼光拉回来，让他更专注地看着你。

（3）眨眼——频率决定态度

通常，自高自大的人会用延长眨眼的间隔来显示自己高人一等，有时候还会脑袋后仰，长时间地凝视你。一般来说，眨眼的频率比较慢，大多含有蔑视的意思。如果你和客户交谈的时候，发现客户眨眼的频率变得很拖沓，那就意味着你的话没有打动他，表现不够精彩，这时候你必须采取新的策略激发客户的兴趣。

3.准确把握客户的消费心理

顾客在成交过程中会产生一系列复杂、微妙的心理活动，他们的这些心理对成交有至关重要的影响。

归纳起来，顾客的消费心理主要有以下几种。

（1）求实心理

这是顾客普遍存在的心理动机。他们购买物品时，首先要求商品必须具备实际的使用价值，讲究实用。有这种动机的顾客，在选购商品时，特别重视商品的质量效用，讲求朴实大方，经久耐用，而不过分强调外型的新颖、美观、色调、线条及商品的“个性”特点，他们在挑选商品时认真、仔细。

（2）求美心理

有求美心理的人，喜欢追求商品的欣赏价值和艺术价值，以中青年女性和文艺界人士中较为多见，在经济发达国家的顾客中也较为普遍。他们在挑选商品时，特别注重商品木身的造型美、色彩美，注重商品对人体的美化作用，对环境的装饰作用，以便达到艺术欣赏和精神享受的目的。

（3）求新心理

求新心理是指客户在购买产品时，往往特别钟情于时髦和新奇的商品，即追求时髦的心理。客户通过对时尚产品的追求来获得一种心理上的满足。求新心理是客户普遍存在的心理，在这种心理左右下，客户表现出对新产品有独特的爱好。

追新求异是人的普遍心理和行为，满足客户的求新心理也是销售员进行销售工作的一个重点。求新心理的利用主要是针对追求新异的客户。当然每一个客户都不同程度地追求新异，因此求新心理可以普遍利用。

（4）求利心理

这是一种“少花钱多办事”的心理动机，其核心是“廉价”。有求利心理的顾客，在选购商品时，往往要对同类商品之间的价格差异进行仔细的比较，还喜欢选购折价或处理商品。

客户有求利心理的主要原因有二：

一是经济收入不太充裕和勤俭持家的传统思想。这种状况和思想在我国普遍存在，它要求用尽可能少的经济付出求得尽可能多的回报。

二是习惯性购买。由于以往过着相当清贫的生活，因此对产品的要求也相当低，只要产品价格最低，产品质量都是很无所谓的事情。抱有这种心理的客户对产品的唯一要求就是绝对要便宜。但是往往是这类客户花了最多的钱，却没有买到理想的商品。

（5）求名心理

求名心理是指相当多的客户在购买产品时，喜欢选择自己所熟悉的产品，而在熟悉的商品中，又特别喜欢购买名牌产品。

在客户眼中，名牌代表标准，代表高质量，代表较高的价格，也代表着客户的身份和社会地位。客户往往会为了追求产品的质量保证，或者为了弥补自己产品知识的不足而选购名牌产品。当然也有些客户购买名牌是为了炫耀阔绰或者显示自己与众不同的身份和地位，以求得到心理上的满足。

具有这种心理的人，普遍存在于社会的各阶层，尤其是在现代社会中，由于名牌效应的影响，吃穿住行使用名牌，不仅提高了生活质量，更是一个人社会地位的体现。

（6）从众心理

客户的从众心理，是指客户在对产品的认识和行为上不由自主地趋向于同多数人相一致的购买行为。从客户的主观因素方面考虑，主要原因有：

一是客户本人的性格。如果是个意志薄弱型和顺从型性格的客户，他的从众心理会很强。

二是客户产品知识的缺乏导致的自信心不足。这类情况往往出现在单件花费较大的产品上；

三是客户从利益角度分析，认为随着大多数人购买总会得到好处，不可能多数人都判断失误，即使上当，也是一起上当，以求得心理上的平衡。

（7）偏好心理

这是一种以满足个人特殊爱好和情趣为目的的购买心理。有偏好心理动机的人，喜欢购买某一类型的商品。例如，有的人爱养花，有的人爱集邮，有的人爱摄影，有的人爱字画等等。这种偏好性往往同某种专业、知识、生活情趣等有关。因而偏好性购买心理动机也往往比较理智，指向也比较稳定，具有经常性和持续性的特点。

（8）自尊心理

有这种心理的顾客，在购物时，既追求商品的使用价值，又追求精神方面的高雅。他们在购买行动之前，就希望他的购买行为受到销售员的欢迎和热情友好的接待。经常有这样的情况，有的顾客满怀希望地进商店买东西，一见销售员的脸冷若冰霜，就转身而去，到别的商店去买。

（9）疑虑心理

这是一种瞻前顾后的购物心理动机，其核心是怕“上当”“吃亏”。他们在购买物品的过程中，对商品的质量、性能、功效持怀疑态度，怕不好使用，怕上当受骗，满脑子的疑虑。因此，反复向销售员询问，仔细地检查商品，并非常关心售后服务工作，直到心中的疑虑解除后，才肯掏钱购买。

（10）安全心理

有这种心理的人，他们对欲购的物品，要求必须能确保安全，尤其像食品、药品、洗涤用品、卫生用品、电器用品和交通工具等，不能出任何问题。因此，非常重视食品的保鲜期，药品有无副作用，洗涤用品有无化学反应，电器用具有无漏电现象等。在销售员解说、保证后，才能放心地购买。

（11）隐秘心理

有这种心理的人，购物时不愿为他人所知，常常采取“秘密行动”。他们一旦选中某件商品，而周围无旁人观看时，便迅速成交。年轻人购买和性有关的商品时时常有这种情况。一些知名度很高的名人在购买高档商品时，也有类似情况。

充分了解顾客的心理是销售员成功的关键因素。也是一个企业经营者在产品开发、创新、定位、宣传中不可缺少的条件。只有了解了顾客的消费心理，我们才能知道顾客在想什么，我们能做什么。

一个聪明的销售员应该知道客户的消费心理，然后在销售中对症下药，征服客户。

4.微动作透露出的秘密

无论是在销售员的日常销售工作中，还是在经营者的销售谈判中，对方的一个动作都透露了他们的真实想法，那么我们便知道从哪里入手，采取应对措施。

（1）表示怀疑的肢体语言

下列身体语言是客户表示猜测与怀疑的信号：

眼睛看着天花板，或者是拉下眼镜、低着头、眼睛向上看人，好像是说："你在耍我了，你认为我很好骗，是不是？"

手揉搓鼻子、玩胡子，或者摸后脑勺。

身体向椅背靠，两手交叉放在胸前。

皱眉、假笑或头左右大幅度地摇摆，嘴巴张得大大的，表现出一副不相信、吃惊或"一脸讽刺"的样子。

挑起眉头，眼睛往旁边看。

嘴巴微微张开，手指放在下牙齿上，表现出一副困惑的样子……

这类客户根据自身使用过不好而又类似的机器的经验，觉得你提供的数据根本就不真实。因此，当销售员的论点变得牵强附会与难以置信时，即使是真的，客户也会有所怀疑。这种猜测、怀疑与反对，一般都会通过身体语言清楚地告诉人们：“我不相信你所说的话。”客户需要更多的证据来证明销售员说的话是真实的。

（2）表示不满、反感的肢体语言

下面是客户生气、沮丧或其他不愉快的典型的身体语言信号：

身体突然挑衅性地摆动，手势忽动忽停，还有其他一些突然性动作。比如，上半身突然前倾，手指不停地摇晃。

双手交叉放在胸前，而手指紧紧地抓住上臂。

双手紧紧地抓住桌子或大腿，或者紧紧抓住椅子的扶手。

站立时，双手紧紧地放在背后，两腿站得笔直，而且纹丝不动。

不停地揉鼻子，抓后脑勺、脖子或脸颊，表现出一种不耐烦的情绪。

既不笑也不做出反应地点头，整个下巴的肌肉都绷得紧紧的，双眉紧锁，有时眼睛还向别处张望。

在许多销售场合中，经常会引起客户发怒、争吵、防范、失望或者其他怀有敌意的行为。

（3）表示积极态度的肢体语言

下面是客户发出的积极的身体语言：

客户微笑、点头或其他兴奋积极的脸部表情。

双手自然地放在桌子上，或者手势自然、友好；双脚突然不再交叉；手臂也不再交叉放在胸前；其他动作也轻松自然，表现出当事人的观念已经在改变。

拍一拍你的手臂、肩膀或背部，这样的动作表现出对你的温暖、友好、关心或同情的姿态。但是，需要注意的是，触摸行为表达出一种强烈的情绪，而且如果这种行为发生在男女之间，那么，这种行为反而会给人以一种不真诚或胁迫的感觉，从而使人难以接受甚至感到厌恶。

身体坐得靠近一点。这看起来好像是一种彼此之间的关系比较密切的信号。

讨论期间，解开外套的扣子或者脱下外套，或直接卷起袖子。可能表示愿意接受他人的看法与建议。

客户坐在椅子的边缘，上身微微前倾，表现出一副渴望仔细倾听销售员所说的每一个字的样子；而其两腿却在桌椅下自然下垂，只用脚尖点地。这种姿势通常表现出客户已经准备签订购买合同或愿意同销售员合作等信号。

如果客户专注地观看产品展示或产品示范，这将是一个好兆头，表示客户对销售员和对谈话的内容都有浓厚的兴趣。

头微微倾斜。这种姿势通常表示完全接受谈话内容。

两手缓慢地相互搓揉。看样子是等不及想买下来！

（4）客户表示考虑的肢体语言

这方面的信号有：

坐在椅子上，身体会向前倾，不断地自言自语：“嗯，嗯……”

客户目光呆滞或者两眼瞪视，通常是眼睛望着窗外或者是看着地板、墙壁或天花板，双眉紧锁，头一动也不动。

客户看似在娴熟地擦拭着眼镜，而实际上根本就没有这样做。

客户双手交叉放在背后，低着头，肩膀下垂，两只眼睛紧紧地盯着地，装出一副沉思的样子。

客户不停地摆弄着自己的头发、胡须等。

客户慢吞吞地、若有所思地、反复地摆弄着某件物品以拖延时间。

客户的头下垂，双眼紧闭，一只手轻轻地抚摸着自己的鼻子，双唇相互磨擦，或者一只手轻松地抚摸前额。

客户的一只手托着下巴，手指置于脸的两颊，同时，轻轻地抚摸着脸颊……

（5）客户表示冷漠、无动于衷的肢体语言

漠不关心的身体语言表现为：

客户既不提出问题、做出解释，也不提出要求，以此来表示自己对销售员的话题不感兴趣。

目光呆滞，看起来像一个木讷呆板的人，或者看上去像一个睁着眼睛睡觉的人。

客户的整个身子都转到销售员的另一边。

客户心不在焉地在笔记本上乱涂乱画，时不时地看看表，清洁手指甲等。

客户在下面各干各的，好像销售员做的产品展示与自己无关似的，要不就是彼此间说笑话。

手指敲桌子、双脚不停地敲地板，或者拍打身上的某个地方，或者做出拿着笔玩之类不耐烦的动作。

客户的双脚交叉，并且左右快速移动，或者有韵律地踢着。

客户在椅子上坐立不安，眼睛不愿意正视销售员，在不断地东张西望，试图寻找一些有趣味的事物。

（6）有意拖延时间的肢体语言

不集中精力倾听销售员说话，阅读文学作品、日程表，反复阅读同一份文件。

客户头和眼皮下垂，双手托着下巴，好像整个人都瘫在椅子上，双腿向前伸得笔直。

客户在与销售员讨论问题时不停地点头，同时，口中发出断断续续的“嗯”“哈”的声音，一直持续到访问结束。

5.找到客户的痛点和利益点

有这样一首诗：缺少一个钉子，就会掉了一个马蹄铁。

缺少一个马蹄铁，就会影响一匹战马奔跑的速度。

战马跑不快，就会耽误一个情报。

缺少一个情报，就会输掉一场战斗。

战斗的失利，就会输掉整个战争。

输掉整个战争，整个国家就会随之灭亡。

这一切都是因为缺少一根钉子。如果这只是为了把一根钉子卖给一位正在准备出击敌国的将军，你猜他会买吗？当然会。一个钉子就有可能断送领土，失去一个国家，将军当然愿意买一根小小的廉价的钉子来避免以后的重大损失。这就是一个典型的扩大痛苦的例子。

在销售过程中，扩大客户痛苦的过程也就是如何把客户的小问题变成大问题的过程。因为很多时候，我们到了销售的最后阶段，客户因为各种原因往往会犹豫不决，继而拒绝购买，很多交易就是因为这个原因成为泡影。为了提高成交的几率，销售员就必须把客户的问题或痛苦扩大，从而迫使客户购买。

美国最大的保险代理商伊德·伊尔曼曾对他的客户说："米格，即使你认为现在最好不做决定，我们今天也必须拿出一个解决办法来。这里有两条选择，你自己看着办。一条是你同意投资3000美元购买保险，而这份保险将来可能被证明买得没有必要。虽然你我都不愿意犯哪怕是1美元的错，但是我相信你的生意和生活方式绝不会因为这点小错误而被根本改变。另一种选择是你迟迟不做决定、无动于衷，这样或许能节约3000美元……但是你想过没有？这样也可能导致你损失50万美元的错误。难道你看不出现在要改正这个巨大的错误是多么轻而易举吗？……尤其是当你处在生意发展最关键的时刻。”

在这个例子中，客户面临着两种选择，一种选择可以使他得到潜在的利益，而另一种选择却意味着很大的风险，如果不做出购买决定的话，必将自担风险和损失。

面对销售员这种技巧，客户会在潜意识里感到必须重视这个自己原来没有意识到的严重问题，从而痛快地做出购买决定。一位销售员向准保户展示一套非常好的残废所得补偿计划。该销售员已经试探过两次，而他两次都得到同样的答案：“我就是需要一段时间考虑看看。”

销售员：“这是很正常的反应。除了需要时间考虑之外，是否还有其他任何理由，使您不能立刻就申请投保这一套保障计划呢？”

准保户：“没有其他的原因了，我只是需要时间考虑考虑罢了。”

销售员：“李先生，想象这样一幅画面：现在是上午10点钟，您正埋首于办公桌前，您觉得非常惬意！您心里正想着：‘我真觉得满意，一切都很顺利，业务蒸蒸日上，利润越来越丰厚，情况真是再好不过了。’

“突然，电话铃响了。您拿起听筒，电话的另一端是您太太，她歇斯底里地告诉你，家里失火了，房子快被烧光了！您匆匆忙忙地丢下听筒，根本来不及听清楚下文，立刻冲出办公室。此刻，您的脑海里所想的是家里烧成平地的景象。

“您上车，发动车子，火速地开出停车场，进入大街，然后转个大弯朝家的方向前进。这时，一辆大卡车从对面的岔路拐过来，撞上您的车子，您想这下子肯定完蛋了。您的车子朝着电话亭冲过去，卡车也轰一声撞过来，车子就这样被挤在电话亭和卡车中间。您爬出车外，看看自己并未受伤，车子却全毁了！

“但是，家里还在着火呀！您招来一辆正巧路过的出租车，钻进车子，并且将家里的住址告诉司机。当他将车子停靠在您家门口，您坐在车里，看着火灾之后的废墟，因为过度茫然，几乎忘记该下车了——房子已经全毁了！您太太和孩子们正站在路边院子里，旁边还有几位邻居，大家都受惊了。

“这个时候，您心想：‘这是什么日子啊！几分钟前，我还在为自己的幸福感到高兴。就在这几分钟之内，我失去了家，我的车子也全毁了。’于是——您下车，付钱给出租车司机，走到家人身边安慰他们……就在这个时候，住在隔壁的一位太太跑出来，说您有一个紧急的电话。

“您跑进邻居家里，拿起听筒，听到一个很急促的声音向您解释，您办公大楼的暖气炉爆炸了，整栋大楼以及里面的设备全部毁了。您公司里的所有资产都付之一炬！

“您坐在邻居家的沙发椅上，吓得失神。您发现，就在一个钟头不到的时间内，您所拥有的一切全都毁灭了。您仍坚强地安慰自己：‘好啦，虽然我已经失去我的家、我的车子、我的事业——但是我的家人还好，所以我还算幸运。而且，办公大楼爆炸的时候，我人不在场，所以我还算幸运。我并未在车祸中受伤，所以我还算幸运……我仍然拥有健康，我可以跟从前一样，靠着勤奋工作，将所有的这些东西重新赚回来。’

“现在，李先生，让我们把您的房子、您的车子，以及您的公司全部还给您，而且让我们回到一个钟头前……

“从头开始，现在是上午10点钟，您正忙着工作，您觉得非常惬意，您觉得诸事顺利。突然间，您的胸部一阵剧痛，而且觉得自己正逐渐失去意识，您完全昏迷了。

“稍后——您不知道到底过了多久——您睁开眼睛，发现自己躺在床上。当您的视力开始恢复正常之后，看到自己置身于医院的病房中，您太太正站在床边。她说：‘不要担心。我们大家都在这里，你会康复的。医生说你得了心脏冠状动脉血栓和阻塞，但是他确信你已经过了危险期，你要好好休息一阵子。’

“你坚持要知道‘一阵子’到底是多久。您太太说至少几个月之后，您才能起床走动，才能上班。之后当您回到公司工作，您有好几个月的时间，只能工作半天。

“所以李先生，贵公司的经常性成本必须支出——办公室租金、员工薪水，以及其他的费用。最先发生的事情是，您让您太太结束公司的经营。接着就是，她将您的车子出售，换一辆更旧的车子。而后，她出售住宅，你们便搬到普通公寓里去了。

“在第二个情况中，您发现自己没有收入，这个情况岂不是比第一个情况更凄惨吗？”

准保户：“是，是比第一个情况凄惨。”

销售员：“当您丧失谋生能力时，保证您将不至于失去财产，岂不是很有意义吗？当您残废而不能工作时，由我们公司按月寄交支票给您，岂不是很有意义吗？”

准保户：“的确。”

销售员：“好。假使您曾有过心脏方面的任何问题，或者曾经有过高血压，我也没有办法要求公司为您签发这一套计划……”

准保户：“我决定投保了……”

一般来说，你问的扩大客户痛苦的问题越多，客户就越会把你视为顾问，视为救星，他会越觉得你的来访是在帮助他解决问题或完成目标的。当然，也只有与客户建立友谊信任的基础，他才会把他的不满、难题告诉你。问扩大客户痛苦的问题的关键是首先要明白自己的产品或服务究竟能帮助客户解决什么问题或达成什么目标。

如果你能让客户明白，不购买你的产品，不解决问题，将来会给他造成多大的痛苦，他就会很乐意与你达成交易。销售员往往利用这种方法促使客户做出购买决定；总经理往往用这种方法说服自己的谈判对象，他们也常常把它运用在员工管理中。

第三章　一句顶万句，说就要说到心坎上

1.一句话让客户对你感兴趣

说客套话的目的无非是为了与客户套近乎，套近乎是交际中与陌生人沟通情感的有效方式。套近乎的技巧就是在交际双方的经历、志趣、追求、爱好等方面寻找共同点，诱发共同语言，为交际创造一个良好的氛围，进而赢得对方的支持与合作。

外交史上有一则通过套近乎而达成谈判目的的轶事：一位日本议员去见埃及总统纳赛尔，由于两人的性格、经历、生活情趣、政治抱负相距甚远，总统对这位日本议员不大感兴趣。日本议员为了不辱使命，搞好与埃及当局的关系，会见前进行了多方面的分析，最后决定以套近乎的方式打动纳赛尔，达到会谈的目的。下面是双方的谈话：

议员：“阁下，尼罗河与纳赛尔，在我们日本是妇孺皆知

的。我与其称阁下为总统，不如称您为上校吧，因为我也曾是军人，也和您一样，跟英国人打过仗。”

纳赛尔：“唔……”

议员：“英国人骂您是‘尼罗河的希特勒’，他们也骂我是‘马来西亚之虎’，我读过阁下的《革命哲学》，曾把它同希特勒《我的奋斗》作比较，发现希特勒是实力至上的，而阁下则充满幽默感。”

纳赛尔（十分兴奋）：“呵，我所写的那本书，是革命之后，三个月匆匆写成的。你说得对，我除了实力之外，还注重人情。”

议员：“对呀！我们军人也需要人情。我在马来西亚作战时，一把短刀从不离身，目的不在杀人，而是保卫自己。阿拉伯人现在为独立而战，也正是为了防卫，如同我那时的短刀一样。”

纳赛尔（大喜）：“阁下说得真好，真希望你每年都可以来一次。”

此时，日本议员顺势将谈话转入正题，开始谈两国之间的关系与贸易，并愉快地合影留念。在这段会谈的一开始，日本议员就把总统称作上校，降了对方不少级别；挨过英国人的骂，按说也不是什么光彩事，但对于军人出身，崇尚武力，并获得自由独立战争胜利的纳赛尔听来，却颇有荣耀感；没有实力与手腕，没有幽默感与人情味，自己又怎能从上校做到总统呢？接下来，日本议员又以读过他的《革命哲学》为由，称赞他的实力与人情味，并进一步称赞了阿拉伯战争的正义性。这不但准确地刺激了纳赛尔的“兴奋点”，而且百分之百地迎合了他的口味，使日本议员的话收到了预想的奇效。日本议员先后五处运用寻找共同点的办法使纳赛尔从“不感兴趣”到“十分兴奋”甚至“大喜”，可见日本议员套近乎的功夫不浅。

这位日本议员的成功，给我们了一个重要启示，就是不能打无准备之仗，有备而来才能套得近乎，并且套得结实，套得牢靠。

事实上，外交与销售有很多共同之处，它们都有一个很重要的特点，那就是：首先要让对方接受自己，然后在彼此之间建立一种好的关系。对销售人员来说，与顾客的关系拉进了，才能更加详细地介绍自己的商品来吸引顾客，顾客的注意力被吸引了，才可能对产品产生兴趣，从而引发购买的欲望。谁能快速拉进与顾客的关系，谁就拥有更多的商机。以下是优秀的销售人员常用的几种套近乎的技巧：

（1）使用简明的开场白

为了吸引顾客的注意力，在面对面的洽谈中，说好第一句话是十分重要的。开场白的好坏，几乎可以决定一次销售访问的成败。好的开始是成功的一半。大部分顾客在听销售人员第一句话的时候要比听后面的话认真得多，听完第一句问话，很多顾客就自觉或不自觉地决定了尽快打发销售员上路还是准备继续谈下去。

专家们在研究销售心理时发现，洽谈中的顾客在刚开始的几秒钟所获得的刺激信号，一般比以后10分钟里所获得的要深刻得多。

开始即抓住顾客注意力的一个简单办法是去掉空泛的言辞和一些多余的寒暄。为了防止顾客走神或考虑其他问题，开场白上多动些脑筋，开始几句话必须十分重要而且非讲不可的，表述时必须生动有力，句子简练，声调略高，语速适中。开场白使顾客了解自己的利益所在，是吸引对方注意力的一个有效的思路。

（2）通过提问了解顾客的需要

提问是引起顾客注意的常用手段。在销售访问中，提问的目的只有一个，那就是了解顾客的需要。“你需要什么”，这种直接的问法恐怕顾客自己也不知道需要什么。

销售人员在向顾客提问时，利用适当的悬念以勾起顾客的好奇心，是一个引起注意的好办法。一位好的销售人员的提问是非常慎重的，通常提问要确定三点：提问的内容、提问的时机、提问的方式。此外，所提的问题会在对方身上产生何种反应，也需要考虑。恰当的提问如同水龙头控制着自来水的流量，销售人员通过巧妙的提问得到信息，促使顾客做出反应。

（3）巧言打动顾客的心

一位柜台前的销售员在卖皮鞋，他对从自己的柜台前漫不经心走过的顾客说了一句："先生，当心滑倒。"顾客不由得停下来，看看自己的脚面，这时销售员乘机凑上前来，对顾客会意一笑："您的鞋子旧了，换一双吧！"

一位远道而来的销售商与客户洽谈，为了吸引对方的注意，他很喜欢用这样一句话来开始销售的产品："说真的，我一提起它，也许您会不耐烦而把我赶走的。"这时顾客会很自然的做出如下应："噢？为什么呢？照直说吧！"不用多说，对方的注意力已经一下子集中到销售员要讲的话题上。

为了打动顾客的心，我们不妨将自己放在顾客的位置思考一个问题：究竟是什么因素能让我们认真听取销售人员的介绍。

（4）用旁证引起对方的兴趣

在唤起注意方面，销售人员广泛引用旁证往往能收到很好的效果。一家著名保险公司的经纪人常常在自己的老主顾中挑选一些合作者。一旦确定了销售对象，公司征得该对象的好友某某先生的同意，上门访问时他这样对顾客说："某某先生经常在我面前提到你！"对方肯定想知道到底说了些什么，这样双方便有了进一步商讨洽谈的机会。

2.一句话让客户感到温暖

很多销售人员都有一个通病，即在好不容易见到客户后，就急不可耐地向他们销售自己的产品，迫不及待地想成交，生怕到手的订单再飞走了。殊不知，你这样做很可能会引起客户的逆反心理，你越是急于求成，他们越是犹豫不决。那么遇到这种情况怎么办好呢？其实，你不妨换个思路，多为对方做一些考虑，站在客户的立场上说一些他们爱听的话，或许就能收到意想不到的效果。有一个餐厅生意很好，门庭若市，餐厅的老板年纪大了，想要退休了，就把三位经理找了过来。

老板问第一位经理："先有鸡还是先有蛋？"

第一位经理想了想，答道："先有鸡。"

老板接着问第二位经理："先有鸡还是先有蛋？"

第二位经理胸有成竹地答道："先有蛋。"

老板又叫来第三位经理："先有鸡还是先有蛋？"

第三位经理认真地说："客人先点鸡，就先有鸡；客人先点蛋，就先有蛋。"

老板笑了，于是擢升第三位经理为总经理。顾客就是上帝。只有一心为顾客着想的人，才会真正赢得市场，获得成功。

积极地为客户着想，"以诚相待、以心换心"，是销售人员对待客户的基本原则，也是销售人员成功的基本要素。

有一位销售培训师对学生们说："能够把冰箱卖给爱斯基摩

人的销售员不是一个好的销售员。因为这个爱斯基摩人在发觉上当后就再也不愿见到他了，销售员也不要想再回到那里卖其他任何东西了。因为别人已对他失去了信任。”现在，有许多销售员，都有这种想法，即把自己手中的产品卖出去，而不管顾客买了有没有用，以及能不能发挥出产品的最大性能。

所有成功的人，或者说业绩突出的人，之所以成功，就是因为他们的价值观念、行为模式比一般人更主动，他们的心态比一般人更积极。

一个机械设备销售员，费了九牛二虎之力谈成了一笔价值40多万元的生意。但在即将签单的时候，发现另一家公司的设备更适合客户，而且价格更低。于是，本着为客户着想的原则，他毅然决定把这一切都告诉客户，并建议客户购买另一家公司的产品，客户因此非常感动。结果虽然这个人少拿了上万元的提成，还受到公司的责难。但在后来的一年时间内，仅通过该客户介绍的生意就达百万元，而且为自己赢得了很高的声誉。

为什么有的销售员总与成功有缘，而有的销售员则始终无法避免失败呢？最主要的原因是前者能够为客户解决问题，而后者在拜访客户时往往表现得盲目和平庸。老实的销售员匆匆忙忙地敲开客户办公室的门，急急忙忙地介绍产品，遭到客户拒绝后，又赶快去拜访下一位客户。他们整日忙忙碌碌，所获却不多。

销售员与其匆匆忙忙地拜访十位客户而一无所获，还不如认认真真地做好准备去打动一位客户。那些业绩突出的人之所以成功，是因为他们更能把握客户的心理，能够很好地抓住他们的弱点，再去进行有针对性的说服工作。

3.一句话占据销售主动权

销售语言是一门艺术，销售人员要想将这门艺术运用好，就应该在销售过程中有的放矢、对症下药地去运用它。因为每一次销售都有其特定的对象、时间、地点、目标和内容，所以，只有综合考虑这些影响销售的因素，并据此来确定最终的销售语言风格，才能最大限度地发挥销售语言的作用。

不同的顾客，在购买动机、性格习惯、收入水平、文化水平、年龄、性别等方面都有所不同。某种风格的语言和销售方式很可能适合于某一类或几类顾客，但不可能适用于所有的顾客。只有选择顾客最熟悉、最容易接受的语言，才能有效地说服顾客。不同的时间和场合，由于顾客的需求强度不同、要解决的问题不同、洽谈环境不同、洽谈气氛不同，自然也会要求不同的谈话方式和内容，需要使用不同的语言艺术。

不同的销售目标、不同的销售内容，导致销售对象的不同，这就要求销售人员的销售语言要能够很好地反映这些差异。销售没有固定的技巧，也没有一定成规。因为，销售员时刻在面对不同的顾客。一名优秀的销售员知道见到什么人说什么话，他们往往能够灵活地随机应变。对于那些不知变通的销售员来说，则应该改变自己死板的销售方法，学习人家的灵活机动。

比如说，对待傲慢的客户，你可以采取欲擒故纵的语言技巧加以应对，让他摸不透你的心思。

在现实中，碰上傲慢可憎的人，有的业务员会掉头就跑，也有的业务员知难而上，去征服对手。其实，不管是可亲的还是可憎的客户，你都必须喜欢他，这是做销售的痛苦所在。为了让傲慢可憎的客户喜欢自己，原一平设计了一套特别的怪招。有一天，原一平去访问某公司总经理。

原一平拜访客户有一条原则，一定会做周密的调查。根据调查显示，这位总经理是个“自高自大”型的人，脾气很怪，没什么嗜好。

这是一般销售员最难对付的人物，不过对这一类人物，原一平倒是胸有成竹，自有妙计。

原一平向前台小姐报名道姓：“您好，我是原一平，已经跟贵公司的总经理约好了，麻烦您通知一声。”

“好的，请等一下。”

接着，原一平被带到总经理室。总经理正背着门坐在大班椅上看文件。过了一会儿，他才转过身，看了原一平一眼，又转身看他的文件。

就在眼光接触的那一瞬间，原一平有一种讲不出的难受。

忽然，原一平大声地说：“总经理，您好，我是原一平，今天打扰您了，我改天再来拜访。”

总经理转身愣住了。

“你说什么？”

“我告辞了，再见。”

总经理显得有点惊慌失措。原一平站在门口，转身说：“是这样的，刚才前台小姐说给我一分钟的时间，让我拜访总经理并向您请教，现在已完成任务，所以向您告辞，谢谢您，改天再来拜访您。再见。”

走出总经理室，原一平早已急出一身汗。

第三天，原一平又硬着头皮去做第二次拜访。

“嘿，你又来啦，前几天怎么一来就走了呢？你这个人蛮有趣的。”

“啊，那一天打扰您了，我早该来向您请教……”

“请坐，不要客气。”

……由于原一平采用“一来就走”的妙招，这位“不可一世”的客户比上次乖多了。

遇见什么人就说什么话，遇到难缠的人，我们不能放弃，要知难而上，相信再顽固的堡垒也能被你攻克。由此可见，销售员既要注重方式方法，又要有锲而不舍的精神，只有这样你才能达到事半功倍的效果，反之，则事倍功半。

一名优秀的销售员知道遇到什么人说什么话，对于各种销售场合他们往往都能够灵活地随机应变。

4.一句话把人说笑

心理专家的研究结果显示：人在倾听时的注意力每隔五至七分钟就会有所松弛，要想使人重新集中精力，就需要对他们进行一些相应的刺激，为其制造一些兴奋点，以此来转移他们的注意力。同样，在销售人员向客户销售商品的时候，他们也会出现疲劳状态，那么销售员该如何去刺激他们呢？最好的方法是在谈话中适时插入一些幽默风趣的言辞，这对于消除对方的心理疲劳是有很大帮助的。

而且即使在正常情况下与顾客的沟通中，幽默风趣的语言也能很轻松地赢得对方的好感，并能促成交易的达成。当然销售员的幽默不应该是单纯的为幽默而幽默，所说的言辞、所讲的笑话都要有的放矢，以有助于吸引顾客对销售的产品感兴趣为准。有一位大学生平时说话很诙谐幽默。在他兼职做销售员时，有一次前去一家报社进行销售，开始他并没有说明自己的真正来意。

“你们需要一名富有才华的编辑吗？”

“不要！”

“记者呢？”

“也不需要！”

“印刷厂如有空缺也行！”

“不，我们现在什么空缺岗位也没有！”

“哦！那你们一定需要这个东西了！？”大学生边说边从皮包里取出一些精美的牌子，上面写着：“额满，暂不雇人！”

对方也因为他的幽默言辞而轻松一笑，如此轻而易举地在轻松愉快中促成了销售。通常来讲，那些具有幽默感的销售员，在日常工作中都会有比较好的人缘，他们比较容易赢得客户的好感和信赖。而缺乏幽默感的销售员，会在很大程度上影响与客户的沟通，同时也不易于在客户心中留下深刻的印象。

如果一个优秀的销售员同时又是一个善于制造幽默的高手的话，那么他的销售事业也必将因此而如虎添翼。如何才能更好地去掌握那些幽默的语言与技巧呢？

（1）用自嘲来缓解气氛

在与客户沟通的过程中，难免会出现尴尬的情况。这时，如果用自嘲来缓解窘境，不仅能容易找到台阶下，而且还会产生幽默的效果。而且就凭着这份气度和勇气，客户也不会让你一人独自“幽默”，一般都会陪你笑上几声的。

（2）巧用反话

在一些销售场合，正话反说，有时候会收到出其不意的良好效果。比如，某销售员在销售电扇，客户一直在挑三拣四，口里不停地唠叨。销售员就可以顺着客户的意思说：“这电扇确实有点毛病，花那么多钱买到一件不如意的东西真是不划算！”客户一听，反而不好再说什么了，有不满意的话也觉得没必要说出口了。接着，销售员乘机用富有同情心的语调说：“电扇的价格比较便宜，它比空调要省电多了。”多采用这种轻松的语言，客户更容易接受。

（3）逆向思维

一般客户通常都会顺着“常理”去思考，但是，如果把结果转移在一个“意想不到”的焦点上，就会使他们产生“有趣”的感觉，让客户在会心一笑后，对你、对你的商品或服务产生好感，从而诱发购买动机，促成交易的迅速达成。幽默可以说是销售成功的金钥匙，它具有很强的感染力和吸引力，能迅速打开顾客的心灵之门。但是，在实际销售中，一定要注意把握幽默的尺度与分寸，不要故作幽默，否则，就会得不偿失。

《人民日报》曾介绍过优秀营业员李盼盼的事迹，有一次，她在卖菜时发现有的顾客在剥菜叶。李盼盼就和蔼地说：“同志，请您当心一点，别把菜叶碰下来。”这“碰”字说得含蓄、凝重，使有意剥菜叶的顾客，脸顿时泛红，手也不得不停下来。李盼盼把已发生的事说成须提防的事，把有意的“剥”

说成无意的“碰”，这样一来，不仅很好地纠正了顾客的错误，而且也保全了顾客的面子，其语言运用得可谓独具匠心。

所以，销售人员在面对客户时，一定要注意语言的含蓄与委婉，切记不要因自己过火的语言而伤了对方的感情。这也是赢得好感、维系与顾客良好关系的一个纽带。在向客户销售时说话要“和气、文雅、谦逊”，不讲粗话脏话，不强词夺理，不恶语伤人。要多用敬语，语气要亲切柔和，语句要委婉含蓄。这样才能缩短与顾客的心理距离，使顾客感到温暖与鼓舞，进而才有助于促成交易。

当然，说话委婉并不是要低三下四地乞求人家发慈悲，这样既有损人格，也不会达到好的效果。至于其中的度，则需要销售人员在实践中不断地去摸索、去锻炼、去掌握。

5.一句话赢得信任

在销售行业中，有一些销售员虽然能说善道，但业绩却不太理想，因为他们大多都有一个共同的缺点，就是他们所说的话能让客户明显地感受到不够真诚，让人觉得只是在应付而已。这样一来，他们的能说会道就反而成了一种缺点，因为他们越是在顾客面前“巧舌如簧”地展现自己的口才，就越会让顾客觉得他们是在欺骗自己。

言谈话语中缺乏诚实，常常使销售员处于不利的地位，以一个服装零售店的销售员为例，当一个顾客在试穿一件外套后，以一种非常满意的口吻询问“它看上去怎么样？”

“不错，很好。”那位销售员立刻回答道。

随后，这位顾客又试了一件款式全然不同的衣服。能够发现她对这件衣服也很感兴趣，但是那位销售员在面对顾客的这种询问时，同样是不假思索地去附和她的观点。

但是，很快这位顾客就发现了那位销售员的建议只不过是在虚伪地迎合她，是没有任何价值的，因为无论她试哪件衣服，也不管她穿上效果如何、是否合身，那位销售员都会无一例外地说非常合适。这样一来，这个销售员就给顾客留下了这样一种印象：他是不会对自己说出真话的，他的唯一目的就是把东西卖出去。当客户想到了这一层的时候，自然也就不会在他那里买衣服了。

真诚的话语往往更能够打动顾客的心，并赢得他们的信任。因为最后的成交是建立在顾客信任的基础之上的。无论销售员的言辞或举止如何动听、如何讨人喜欢，但如果它们缺乏真诚，如果说的都是一些忽悠人的假话，那又怎么能够取得顾客的信任呢？一旦顾客发觉你的言辞中包含着欺骗的成分，他们很可能就会马上转身走人。

真诚的话语，在很多情况下意味着它是一种承诺、是一种责任。如果你无法真正地去兑现这种诺言，去承担这种责任的话，那么在与顾客沟通的过程中，就要慎用一些承诺性的话语，尽管它们能在一时让你显得很真诚。

有不少销售员在向顾客销售产品时，对顾客的要求几乎是有求必应。但是，在顾客购买了产品之后，销售员却忘记了自己当初的承诺。例如，有的老顾客要求销售员在某一个时间送货上门，销售员也不考虑自己在那个时间是否有空，就满口答应下来。而到时候又因为自己腾不出来时间而爽约或者干脆就忘干净了。这样一来，销售员这种不讲信用的行为会给顾客造成极坏的影响，甚至会将销售员辛辛苦苦建立的好印象一扫而光。

“明天上午10点我去拜访您。”销售员在面对顾客的询问时，往往会这样不假思索地一口承诺，但是等真正到了10点，他们却毫无踪影。这种销售员极容易给顾客留下坏印象。结果，顾客也会一个一个离他而去。

销售员最重要的是讲诚实，守信用，而获得顾客信任的最有力武器，便是遵守自己当初的诺言。

诚实守信的销售员能够做到前后一致，言行一致，表里如一，人们就愿意与其进行正常的交往，甚至愿意购买他们销售的产品。如果销售员不讲诚信、前后矛盾、言行不一，顾客则无法判断他的行为动向。顾客是不愿意和这种销售员进行正常交往的，这样的销售员自然更没有什么魅力而言。

诚实守信是取信于人的第一方法。有魅力的销售员应该是守信、诚实的人，靠得住的人。一位不讲信用的销售员走在去见客户的路上，心里满怀希望。他此前曾做过精心的准备，可是由于以前对这位顾客做过不讲信用的事，当他见到客户一阵寒暄后，此前拟好的思路被打乱了，忘了该怎样说。一段尴尬的沉默后，他只好悻悻而归。

不讲信用的销售员也会心虚，而销售员带着这种心虚的感觉向顾客销售产品时，又怎么能很好地展示产品，赢得顾客的青睐呢？

不讲信用、不诚实的销售员绝不可能成就大事业。销售员要设身处地为顾客着想，真心诚意为顾客服务，和顾客交朋友，实行顾客固定化策略，发展顾客关系。顾客是企业及其市场销售人员最重要的资源，销售员必须重视这些资源，用自己的真诚打动客户。切记，欺骗顾客就是欺骗自己，不讲信用的销售员最终会被顾客抛弃。

数以万计的销售员之所以没有做成买卖的原因之一就在于他们给别人开了空头支票。身为销售员，我们不该低估工作疏忽所带来的影响。因为我们可能为此付上极大的代价。在很多行业里，有许多客户因为销售员没有信守承诺而恼怒、生气或失望，他们也有可能因此拒绝成交或要求退费。所以，除非你能守约，否则不要轻易承诺任何事。

记住：你做的每一笔订单都是一个广告，它既可能会帮助你做成下一笔订单，也可能会断了你今后的销路，它是你个人名誉的一个广告。

第四章　所谓会说话，就是把握好措辞和话题

1. "反感话""对立话""批评话"坚决不能说

"你家这楼可真难爬啊……"这是很多上门服务的销售人员嘴上的通病，尤其是那些新人，说话往往不经过思考，不经意间就伤害了客户。这样的例子屡见不鲜，很多销售人员为了打一个圆场，有一个开场白，见了客户第一句话便说："这件衣服不好看，一点儿都不适合你。""这个茶真难喝。""你这张名片有点儿土！"虽然销售人员是无心的，并没有真正批评指责客户的意思，但是，在客户眼里，你就是在批评他，会让他感到不舒服。

心理学研究表明：人的内心深处，都有一种渴望被别人尊重的愿望。也就是说，人们都喜欢听好话，正所谓"好话一句做牛做马都愿意"。所以说，人人都希望得到别人的尊重和肯定，人人都喜欢听好话。你上来就对客户说一些难听话，就算

客户再有耐心，对你的印象也是大打折扣！

“赞美与鼓励可以让白痴变天才，批评与抱怨可以让天才变白痴”，在这个世界上，几乎没有人愿意接受批评。销售人员在销售工作中，几乎每时每刻都要和人打交道，说话非常有必要注意技巧。

有时候，销售人员还会犯这样的毛病，对客户是客客气气的，可是对于竞争对手却丝毫不留情面，或者对其他销售人员说一些刺耳的、带有攻击色彩的话语，甚至把对方说得一文不值。如果你这样说话，就会让客户觉得你是个没有自信、不值得信赖的人，从而导致整个行业形象在客户心里有所下降。

不管你是对人，还是对事，只要你说难听的话，就会引起客户的反感，因为你说话的时候，更多情况下是站在自己的角度看问题，过于主观，效果很可能会适得其反，对你的销售只能是有害无益！

如此说来，是不是就应该多说赞美性的话呢？是的，赞美的话语必不可少，但是也要注意适量。说得太多，往往会让客户觉得你很虚伪，缺乏真诚。比如现在的保险人员，他们在说话的时候就存在一些弊病，一位老大妈这样说：“这些卖保险的，说话都是一套一套的，嘴巴甜得要命，保险公司培训出的都是一个模式，满嘴的油腔滑调，就会耍嘴皮子！”看看，客户的实际心理就是这样。老大妈的话，无形中提醒我们：与客户交谈时，赞美的话要出自内心，不能不着边际地瞎赞美。好话也要会说，会说的人更能让人信服。

还有这样一种情况，经常听同事说，某某客户怎么怎么坏、怎么怎么讨厌，我们不能否认确实有一些客户是不适合跟我们合作的，甚至根本不配与我们合作。但是，我们不能把牢骚挂在嘴边，即使不能合作也要客客气气，对客户尊重一些，对客户好一点，也许这个客户还能给你提供更多的准客户。每一个人都有自己的个性，每个人都有自己做事情的方法，我们不能改变这一切，但是要尝试着去让客户看待问题的方法和自己的趋向一致，不能只是一味地去抱怨和批评！对于存在的差别，我们如何更好地和客户沟通？销售人员不是完人，客户也不是，但是客户是我们的上帝，是我们的工作对象，我们对待上帝要更宽容一点——商人的一切行为不都是受利益驱动的吗？明白了这一点，我们就不会抱着埋怨的态度去批评客户，说客户的不是了。只要你理解了他们80％的行为，沟通就会变得很容易！

2.想说“我”的时候，不妨改成“我们”

在人际交往中，很重要的一条就是少说“我”，多说“我们”。乍一看，就差了一个字，也没什么特别。但仔细想想，“我们”表明说话的人很关注对方，站在双方共有的立场上看问题，把焦点放在对方，而不是时时以自我为中心。

这也是很多销售员总结出来的经验，面对形形色色的客户，我们不可能准确地把握每一个人的心理，但是有一条准则却是相同的，你为客户着想，即使不能让客户绝对信任你，但也会让客户喜欢你的。

从心理学角度来讲，一个人对自己的关心要远远大于对他人的关心，关注自己是人的天性。所以，很多情况下，人会不自觉地替自己说话。销售人员在工作中要学会“忍”，不能时常把自己挂在嘴边。

毫不夸张地说，你试着注意一下自己每天说“我”的次数，你会发现，自己几乎每句话都提到了一个“我”字。所以，销售人员要尽量避免这样情况的出现，避免老是说“我”。如果想成为一个受客户欢迎的人，请你必须牢记：少说“我”，多说“我们”。关注客户，客户才会更关注你！《红楼梦》里有这样一段描写王熙凤为人之道的话：

这熙凤携着黛玉的手，上下细细打量了一回，仍送至贾母身边坐下，因笑道：“天下真有这样标致的人物，我今儿才算见了！况且这通身的气派，竟不像老祖宗的外孙女儿，竟是个嫡亲的孙女，怨不得老祖宗天天口头心头一时不忘。只可怜我这妹妹命苦，怎么姑妈偏就去世了！”说罢便用帕拭泪。

（贾母笑着不让她再提伤心事的时候，她马上换了表情，转

悲为喜）

这熙凤听了，忙转悲为喜道："正是呢！我一见了妹妹，一心都在她身上了，又是喜欢，又是伤心，竟忘了老祖宗。该打，该打！"王熙凤的话说得太妙了！仔细看看，凤姐在这么长的"演说"中提到自己了吗？没有！为别人着想的结果是"双赢"。大量的事实也证明，人的心理就是这样的，人们都很在乎别人对自己是否投入，是否关注自己。如果一旦发现对方是一副"无所谓"的样子，立马就会就会想方设法避开你。

人人都喜欢戴高帽子，人人都喜欢被别人重视。所以销售人员要把握客户这种微妙的心理，在和客户谈话的时候多说"我们"，少说"我"！

再想想看，既然人人都喜欢被别人重视，那我们就必须学会重视别人。如果客户在炫耀自己的能力，就让他炫耀好了，即使你很讨厌他，也要装作喜欢听他讲话的样子。对于常和客户打交道的销售人员来说，取得对方信赖是一件获得对方青睐的重要法宝！

首先，说"我们"表明你对客户较为重视。你的态度本身就意味着你的价值，如果你对客户总是"我怎样怎样"，客户肯定会认为你是个自私的人，一点也不在乎他！

其次，说"我们"还意味着你有和客户继续交往的欲望。对于许多客户来说，他们跟你谈话的目的并不是单纯地想解决问题，更重要的是希望销售人员真心地关心自己。

“我”和“我们”表面看上去只是一个称谓问题，只有一字之差，但是给我们的心理感觉却完全不同。事实上，当你在客户面前频繁地说“我”的时候已经失去了你自己，更失去了客户对你的信心。当然，也要注意，不能事事说“我们”，有些东西可不是我们这些销售人员能掌握的，过犹不及就不好了！

3.先做朋友再谈业务

千万不要用销售员的口气说话，要像个亲切的朋友去帮助他。

让你说话的口气像朋友，让顾客觉得你是在帮他们。这是每一个渴望成功的销售人员起码应该养成的工作习惯，也是所有销售部门最基本的工作方式，也是所有营销人员必须学会的一套新思维！

很多顾客走出商场的时候，会这样说：“本来我想买那件东西，但是讨厌的销售员像唐僧一样嗡嗡唧唧，用一堆老掉牙的销售伎俩向我施压，简直是在强迫我购买——感觉很不爽。”

所以说，销售人员在和客户交谈的时候，不能用销售员的口气说话，要像对待朋友那样去帮助客户。这也就是我们一直在强调的站在客户的角度想问题。

站在客户的角度考虑问题，不但能赢得客户的好感，还可以减少销售过程中许多不必要的麻烦。一次一位顾客想买洗衣机，本来人家已经考虑好了自己想买的品牌，没想到一进商场，销售人员上来就是一通热情的介绍，什么水流洗涤方式啦，电脑主控板啦，发动机电压稳定不稳定啦……将一些消费者根本无需了解的行业细节一股脑地灌了下去。

最后，顾客听他说了一番话，长了一些学问，很委婉地谢绝了这个销售员的建议，走向了另一个大商场。也许你会问：为什么？销售人员做得不对吗？让顾客多知道一些专业知识不是更好吗？这样的想法是对的，但是没有找到顾客购物的突破口。简单地说，没有说到顾客的心里去。

顾客会这样想：我家的电压一直很稳定，我对什么“高科技、全功能”也不太感兴趣，我只关心洗衣机好不好用。看到销售人员在那边口若悬河，也许顾客早就捂紧了自己的钱包，生怕你掏走自己的钱。

销售人员，你为什么不能先试着搞清楚顾客的意图呢？上来就像例行公事一样宣传你自己的产品，可惜这样的宣传毫无沟通的价值。站在客户的角度想问题，不是让你口若悬河，是让你的说话口气像朋友，让顾客觉得你是在帮他们。“先生，您好。我们的皮鞋全部是意大利进口，可以满足您低、中、高各档需求。您现在看到的这家店是我们公司在全国开设的第一百零八家连锁店。我们经营的理念是：总有一款适合您。先生，您看您需要哪一双？”这样的话似乎有些可笑，就像事先背好的套话，缺乏创意和诚意。

相信这是很多顾客在购物时遇到最多的一种销售方式，被人们戏称为“最能打击顾客购买热情的销售方式”。所以，尽管很多销售员总是在抱怨自己说得口干舌燥了，最后很多顾客还是无动于衷，甚至面无表情地转身离开。

这是为什么呢？人们都相信这句话：“王婆卖瓜，自卖自夸。”你越是无的放矢地对自己的产品夸夸其谈，顾客就越容易反感甚至怀疑你的意图。

于是，无数顾客就眼睁睁地从我们眼皮子底下溜走了。那我们究竟该怎么说好呢？不妨试试这样说：“先生，您好，我是售货员。不好意思，我能占用您几分钟时间，向您介绍一下我们最新款的皮鞋吗？”你这样一说，开门见山，直接限定好了做生意的气氛。如果顾客点头同意了，你再开始你的演讲不是更好？说话的时候多从顾客穿鞋的角度想想，一般他是不会走开的。这样既保住了自己的面子，也能让顾客产生浓厚的购买兴趣。

接下来，你再这样说：“先生，您真有眼光，您现在看到的这双鞋是我们店里的最新款，或许很适合您，您可以试试。”顾客听了你的话，会感觉自己受到了特殊的关照，心理上对你有了认同感，最后付款成交的概率就会很高。

4.不咸不淡的话题，尽量要远离

不可避免的，在销售中一定会存在一些枯燥性的话题，有时候，这些话题你不得不讲解给客户听。但是，这些话题讲出来人人都不爱听，甚至一听就会打瞌睡。不讲吧，这是业务需要；讲吧，客户又不爱听。这时候，销售人员该怎么办？

销售专家们对此又有什么好的方法呢？简单来说，就是要把话往简单里说。尽量把这些话讲得简单生动，有些对产品不是很重要的地方甚至可以概括来讲，一带而过。这样，客户听了才不会感到了无生趣，才不会打瞌睡。

想让你的销售达到预期效果，最好不要把那些必须跟客户讲清楚的重要的话拼命地硬塞给他们，在你讲解的过程中，可以换一种角度，从客户感兴趣的小故事、小笑话着手，用幽默的方式来刺激客户，然后再转回正题上来，也许这样效果会更好！总之，对于枯燥无味的话题，客户不爱听的话，销售人员最好是能保留就保留起来，束之高阁有时比和盘托出要高明一筹！

让我们来看看美国人是怎样把枯燥繁琐的折扣方法告诉客户的。

一位女士走进西部航空公司的售票厅，对售票小姐说：“我要两张去旧金山的机票。”

“好的，女士，不过，这种机票有多种优惠价格，不知道您适合哪一种？”小姐答道。

“优惠？”女士漫不经心地说，“我听说过你们有优惠，但是不知道你们有什么优惠啊？”

“您是美国印第安人吗？”

“不是。你问这干嘛？”

“那真是太遗憾了，如果您是印第安人，并在凌晨4点启程，又在次日清晨返回的话，我们可以给您减价30%，但现在只有8%的优惠。”

“哎，真可惜，请问你们还有别的优惠条件吗？”

“有啊，如果您已经结婚50年以上并没有离婚，将要去参加您的结婚纪念活动的话，我们给您优惠20%。”

“不好意思，还有别的吗？”

“有，如果您是一位去度假的国家驻外使馆人员，可以给您15%的优惠。”

“很遗憾，我正和先生一起旅行。”

“哎呀，女士您怎么不早说？您先生还不到60岁吧？如果你们不赶在周末旅行，那就能享受到20%的优惠。”

“抱歉，我们只有周末才有时间旅行！”

“是这样啊，那请问您和您先生有当学生的吗？如果你们其中一人在上大学，并且在星期五乘飞机，我们可以给您45%的优惠（耶稣在星期五遇难，因此星期五被视为不祥之日）。”

“差不多能便宜一半啊！可惜我不符合你们的条件，小姐，您还是给我那8%的优惠吧，谢谢您的详细介绍……”想想看，这么名目繁多的优惠条件，要是一件一件说出来有多烦人啊，顾客是不会听你在一边啰哩啰嗦的！销售员要学会这种富有幽默色彩的讲话方式，用一些有趣的话来引导客户，会取得更好的效果！就算你不能达到“幽默”的境界，尽量化繁为简也能不断激起客户的关注。

5.专业的名词，把它说通俗了

李勇在保险公司还没干两个月，就处处以保险专家的身份自居，一上阵，就一股脑儿地向客户炫耀自己是专家；一张口就是一大堆专业术语，把客户搞得一头雾水，听了都感到压力很大。在和客户交谈的时候，李勇接二连三地狂吐专业名词，什么“豁免保费”“费率”“债权”“债权受益人”，让客户不再一头雾水了，倒像是坠入了五里云雾中……客户们对他这个所谓的保险专家很反感，拒绝也就变得顺理成章起来，可笑的是李勇还沉浸在专家的梦里，到了年底，和同事们相比，业务果然是第一，只不过是倒数的！让我们仔细分析一下，那些喜欢满嘴专业名词的人就像满嘴之乎者也的老学究一样不招人喜欢！其实，在客户眼里，“这些销售人员是在把我们当作小学生吗？满口都是专业名词，让人怎么能接受？”“既然听不懂，我们不可能了解这些东西，更谈不上什么购买了！”

这就是客户心中真实的想法，他们不是在讨厌专业，而是在讨厌专业名词。如果你能把这些专业性术语转换成简单的话语，让客户听得明明白白，一定能有效地达到沟通的目的，这样你的销售才会达到没有阻碍的交易效果。

这也是很多营销专家们总结出来的宝贵经验，不要说“专业名词”，多用通俗易懂的语言，这样最容易被大众所接受。

所以，销售人员在交易活动中要多使用通俗化的语句，要让客户听得懂，这是销售的第一步。在讲解产品和业务时语言必须简单明了，表达方式必须直截了当。如果不能达到这一点，很可能就会产生沟通障碍，最终影响交易的达成。王总的公司要搬到一个新的办公区，急需安装一个能够体现公司特色的邮件箱，于是让秘书去找家公司咨询一下。秘书拨打了一个电话，接电话的业务员听了秘书的要求，很诚恳地跟秘书小姐说：“贵公司最适合CSI邮箱了，方便实用更能体现贵公司的企业文化！”一个CSI把秘书小姐搞得一头雾水，特意跑到总经理办公室去问了一下，王总也搞不懂。

于是，秘书小姐又问这个销售人员：“麻烦你能说得详细一点吗？这个CSI是金属的还是塑料的？是圆形的还是方形的？”

对方对于秘书的疑问感到很不解：“如果你们想用金属的，可以选择FDX，每个FDX还可以配上两个NCO。”天啊，秘书崩溃了，一个CSI不算，竟然又冒出了什么FDX、NCO，简直是要人命！这几个字母把秘书彻底打败了，她一头雾水，只好无奈地对他说："再见，有机会再联系吧！"

于是，一桩交易就这样夭折了……上面的案例启示我们：一个销售人员首先要做的不是表现你的专业素质，而是要用客户明白的语言来介绍自己的商品！客户搞不懂，自然不会买你的账！

第五章 有勇更要有谋，销售要懂控制局势

1.与客户争论，是最愚蠢的办法

得到这个“是”字的反应，本来是个极简单的方法，可是却常被人们所忽略了。在大多数时候，人们喜欢通过争辩来说服一个人。但是，争辩的结果是，任凭你争得面红耳赤，往往只会激怒对方，却不能说服他。

事实上，争辩不是个好办法。要说服对方，首先就是要避免争辩。

林肯无疑是此道高手，他往往能很轻易地说服对手。他的办法是：“在我们开始辩论的时候，首先要找出一个双方赞成的共同立场，这就是获得胜利最好的方法。”

还有一个销售员爱力逊的故事：在我负责的销售区域内，住着一位有钱的大企业家。我们公司极想卖给他一批货物，过去那位销售员几乎花了10年的时间，却始终没有谈成一笔交易。

我接管这一地区后，花了3年时间去兜揽他的生意，可是也没有什么结果。

经过13次不断的访问和会谈后，对方才只买了几台发动机，可是我希望如果这次买卖做成，发动机没有毛病的话，以后他会买我几百台发动机的。

发动机会不会发生故障？我知道这些发动机是不会有任何故障的。过了些时候，我去拜访他。我原来心里很高兴，可是我似乎高兴得太早了点儿，那位负责的工程师见到我就说："爱力逊，我们不能再多买你的发动机了。"

我心头一震，就问："什么原因？难道我们的发动机有什么问题吗？"

那位工程师说："你卖给我们的发动机太热，热得我的手都不能放在上面。"

很显然。他是在找借口，还是不想买我们的发动机。只要有一点常识的人都知道：要将手放在正在运行的发动机上，根本就是不可能的。

我知道如果跟他争辩，是不会有任何好处的，过去就有过这样的情形，现在，我想运用让他说出"是"字的办法。

我向那位工程师说："史密斯先生，你所说的我完全同意：如果那发动机发热过高，我希望你就别买了。你所需要的发动机，当然不希望它的热度超出电工协会所定的标准，是不是？”他完全同意，我获得他的第一个“是”字。

我又说：“电工协会规定，一台标准的发动机，可以较室内温度高出华氏72度，是不是？”

他说：“是的，可是你的发动机却比这温度高。”

我没和他争辩，我只问：“工厂温度是多少？”

他想了想，说：“嗯——大约华氏75度左右。”

我说：“这就是了。工厂温度是华氏75度，再加上应有的华氏72度，一共是华氏147度。如果你把手放在华氏147度的物体上，是不是会把手烫伤？”

他还是说“是”。

我向他作这样一个建议：“史密斯先生，你别用手碰发动机，那不就行了！”

他接受了这个建议，说：“我想你说得对。”

我们谈了一阵后，他把秘书叫来，为下个月订了差不多3万元的货物。爱力逊费了几年的时间，一直进展不大，最后才知道争辩并不是一个聪明的办法。应该充分了解对方的想法，设法让对方回答“是”，那才是一套成功的办法。

2.每隔半分钟，你就要有所变化

在说服式销售中，沟通不在于你说什么，而在于你怎么说，并让客户感受到了什么。

说服是一门艺术，沟通表达更要讲技巧，不同的语言会产生不同的效果，这就是高手和普通人的区别。引起客户的兴趣是所有销售的开始，再好的产品，如果客户不感兴趣也卖不掉，更何况现在同类产品的厂家众多。

要想赢得客户的青睐和信任，首先你必须要让对方注意你及你的产品并产生兴趣。为了达到这个目的，在与客户沟通之前，你要问自己下列问题，并分别用一句话来回答：

· 我要说什么？

· 我的策略依据是什么？

· 我要表达的中心是什么？

· 哪一种表达方式最有可能达成目的？

· 我能否充分论证这一表述？

· 是否还有其他与此相适应或相关联的必要表述？

· 这一表述是否与我的客户的需要和兴趣相关？

要揣摩客户的心理，客户没有时间反复和你讨论过程，他只关心结果；客户没有时间反复和你交流沟通，他只关心自己的利益和好处。麦肯锡公司要求每一位咨询顾问要在30秒之内，说明自己的意图并将其方案销售给客户，你能做到吗？

“为什么有人会比自己成功十倍，收入多百倍乃至万倍，难道真是他们比自己聪明那么多倍，运气好那么多倍吗？显然不是。那么，你想不想知道他们是如何做到的？”这是世界行销大师杰·亚伯拉罕为一家国际训练机构作课程推介时所写的广告名言。当你看到这段话时，你是不是至少有兴趣翻看这份DM，看看后面的资料，看看里面说的是什么秘诀和方法。

缺少变化的语言会使场面显得呆板而沉闷，而你所说的一切也将变得枯燥乏味和苍白无力，因此你也不会受到客户的青睐。如果你有很多建议，就应选择富于变化的语言来表述，因为变化能为你的发言增加趣味。

人们在一定的语意流中只能捕捉到有限的信息量。这就意味着，即使客户有时间听你讲话，他也不可能把你说的话完全吸收进去。因为听众的持续注意力只有30秒。环视你的房间，把注意力集中在一盏灯上。不出30秒，你的注意力就会转移到其他的东西上。假使这盏灯可以跳动或者发出声音，也许能重新引起你的注意。但是在静止不动或没有任何变化的情况下，它就无法继续吸引你，使你失去对它的关注。

这种规律被广泛运用于广播和电视广告当中，很多电视或广播广告，其节目长度都是30秒，这就是“30秒注意力原理”。

一个人听你说话的注意力持续时间是30秒，这也意味着如果你想让他一直保持兴趣和注意的话，那么每隔30秒你就要有些变化。

如果你想吸引客户的兴趣，那你自己必须变得很有趣。

激发顾客的想象力，增加你的吸引力，这是说服销售过程中必不可少的。在你刚开始试着让自己的语言和动作有所变化时，你可能会觉得有些不自然，但只要你勤学多练，一定会大大提升你的语言影响力。

记住，顶尖的销售高手是能不断变换手段的变色龙。

3.不断在销售过程中做暗示

语言的魅力是我们难以估量的，有时一句简单的话、一个轻柔的语气都可能给人带来无法形容的力量。恰到好处的语言运用，会给人的生活增添动力，而一些不合适的语言则有可能会影响到人的心境以及对生活的态度。强有力的语言不一定是华丽的词汇，有时，平常而又简单的语言依然可以带来不同凡响的影响。

受暗示性是人的心理特性，它是人在漫长的进化过程中，形成的一种无意识的自我保护能力，它是人的一种本能。人们为了追求成功和逃避痛苦，会不自觉地使用各种暗示的方法，比如困难临头时，人们会安慰自己或他人："快过去了，快过去了。"从而减少忍耐的痛苦。人们在追求成功时，常常会鼓励自己说："坚持一下，我一定可以的。"这些简单的语言都给了人们强烈的暗示，让人们在无形中有了强大的抵抗困难或勇于进取的动力。

在读书求学的过程中，我们会常常面临学习的困难和打击，当自己感到无助的时候，如果老师这个时候给我们一点鼓励的话，我们失落的心就会重见光明，重新激发出进取的信心；在小时候，当受到伤害感到委屈的时候，如果妈妈说上一句“孩子，不要担心，妈妈会陪你去解决”之类的话，立刻会给我们受创的心灵带来温暖；在陌生的地方，陌生人一句问候的话，也会让我们找到许多家的感觉。这些在平常看来很一般的语言，在特定的场合下却能带来不一样的效果。

其实，暗示语言的神奇力量在于，它是通过给人施加一定的激励，来增加人心灵的力量，唤起人们潜在的欲望。

在许多情况下，我们都可以感受到来自语言的暗示，比如，广告语对顾客的暗示作用，有时，我们可能记不住这个广告的影像，但却会因为一些很有说服力的广告语而对该产品产生极大的注意，这些注意都是一种无意识的行为，是语言暗示的结果。一遍遍的宣传在人的潜意识中积累下来，当人们购物时，人的意识就受到潜意识中这些广告信息的影响，左右人的购买倾向，让人不自觉地去购买这个产品。

在说服的过程中，一些词语的应用相当有技巧。经常使用刺激消费的用语，会让你的销售业绩成倍增长。比如“当你使用它的时候……”，这句话具有暗示的效果，具有说服的作用。向客户的潜意识里灌输他已经购买了这个产品，你现在是在教他怎样使用产品，而不是说服他购买。当客户在潜意识里认可了这个产品，就会激起对产品的占有欲，从而产生购买的欲望。

不同的词语是具有不同的暗示作用的，有些词语可以帮助你对客户进行说服。

和客户沟通要习惯说“当”，而不要说“如果”或“假如”。比如“当你使用这台笔记本电脑的时候，它会大大提高你的办事效率，并给你带来最好的效果，我敢肯定你一定会非常喜欢并乐于使用它”。这样能挑起客户的占有欲，并引起兴趣。而如果你说“假如你有这样一台笔记本电脑，你使用起来会非常方便”，这样的语言会使客户感觉——我也许会拥有它，也许不会。

成交高手喜欢用“我们来……”句型刺激客户的购买欲望。因为这样会营造一种合作的气氛，表示“你”和“我”是同一阵线的，而不是相互对立。如果你说“我们来做某某事”，客户就不会产生压力，甚至会认为这就是双方的共识。

例如对客户说“我们来看看，当你今天购买产品时，你能得到哪些额外的优惠”，就远比平铺直叙地说“你今天购买产品，一定物超所值”好听多了。其实两种说法的内容是一样的，但是“我们来……”句型让客户更容易接受。

以“我们现在要向你证明，这种服务‘如何’为你节省更多的钱”作为开场白，绝对优于“采用我们的服务，绝对可以帮你省钱”。因为“如何”一词引起了客户的好奇心，是开启客户心灵的一把钥匙。“想不想看看某种东西‘如何’运作？”相信任何人都会感到好奇，忍不住向前去听听人家还要说什么。

去翻翻热销的流行杂志，数数上面的标题用了几个“如何”。再观察其中的广告和文章，算算有多少“最新”和“即可”，因为大家都喜欢“最新”的方式，享受“即可”的满足。因此，建议你在销售过程中，常用这些词汇。

一般人会对“你认为”起头的问句感到有些犹豫，但是一旦他们有答案时，他们会比较坚定地维护自己的立场。

“感觉”是个很温和的字，“认为”比较强硬，而“依你之见”则是最肯定的。当你问：“依你之见，这是不是能够解决你的问题的最佳选择？”你就是在请这位客户说出最确定的立场。假如回答是肯定的，他可能就会决定买。也有些话语会勾起客户对过去购买某样东西的恐惧的回忆，这些词语我们就要尽量避免使用。

当你问一个人：“你对于那东西的感觉如何？”这是一个很容易回答的问题。如果你问别人的感觉，他们没办法不去表达自己的感受。当你问一位客户：“你对目前生意状况的感觉如何？”或“你对最近一次选举的感觉如何？”你的问句是完全中立的，且绝对不会得到一个非常情绪性的反应。

说服式词语能够鼓舞客户、吸引客户，更能够娱乐客户，引导客户点头称是。只要平时多加练习，一定会让你的说服力大增，进而大幅提升你的销售业绩。

说服的“风格”总是比“技巧”更重要，而经过千锤百炼的说服式词语，正是营造这种“风格”的关键，同时也更能够凸现促进成交的威力。所以，平时要养成收集各种词汇的习惯，这就是精通表达技巧的第一步。很多词语都能够表达强烈的言外之意，这些词语都是一些具有说服性的词语。在销售时使用这些具有关键意义的充满感情色彩的词语，会增加感染力，有助于调动客户的情绪，促进成交。

4.让客户不停地对你说YES！

心理专家认为：人在说“NO”来表达拒绝时，全身的肌肉、神经、内分泌腺都会感到紧张，影响到心理，态度自然会变得僵硬起来。但是，在说“YES”的时候，身体机能和心理反应却是放松的，一方面会积极地接受外界事物，另一方面心情也会变得好起来。销售人员想打破客户的心理防线，想要客户消除警戒心，能听你说话，最好是诱导他说“YES”！

如果你去和客户傻乎乎地说什么“你不必对我有戒心”“我所说的绝对错不了”，不仅达不到缓解客户戒备心的目的，很可能还会起到反作用。为什么？因为对方的深层心理已经被你无情地揭露了出来，所以客户只好把自己的心理障壁再加厚一些以应对你“赤裸裸的挑战”，防止被你再次突破！

美国的女精神分析医师莱希蔓主张：在心理治疗中，最重要的不是去跟患者说，而是多听患者说，听得多了自然能够掌握对方的心思，进而和对方产生共鸣。销售心理学的原理正在于此。

但是，也不能一味地保持缄默，沉默往往是消极的，你老不说话就会让客户感觉自己好像面对着一道墙在自言自语。因此，我们不仅要会听，还要会说，说话的目的是要鼓励客户打开心扉，说出心中真实的感觉，必须让对方知道我们很在乎他。很简单，几个小动作就能帮你实现：点头表示同意，叹息表示关心，微笑表示赞赏……

销售人员要牢记：开始的时候，不管你同意不同意客户的说法，你都要表示同意，即使他说得很不靠谱，你也得全盘接受，这是心理学上一项很重要的方法！

销售高手们在交流的时候曾谈到这样一个问题：原则上，一个销售员的成功率说服占20%，沉默占80%！不知道喜欢大说特说的销售员们看到这样的比例会作何感想……实际上，销售高手们在客户面前都在尽量控制自己说话的欲望，多听顾客的心声，待顾客畅所欲言之后，再加以有力地“回击”，让顾客不停地跟你说“YES”！

5.高情商销售坚决不能说的5句话

从销售心理学来讲，总是质疑客户的理解力，客户必定会产生不满，会让客户感觉得不到最起码的尊重，进而产生逆反心理，这样的谈话可以说是销售中的一大忌！

除了上述销售人员需要谨记的说话方式，还有一些话是销售人员打死也不能说的！（1）不说主观性的议题

销售人员最好不要和客户说一些与你的销售无关的话题，要说就说那些“今天的太阳好大”之类的话。最好不要去参与什么政治、宗教等涉及主观意识的话题，你说得对也好，错也好，这些对你的销售没有任何实质意义！

一些新人由于刚入行不长时间，经验不足，难免会出现跟着客户一起议论主观性的议题的时候。争得面红脖子粗，貌似“占了上风”，但是可惜啊，一笔业务也就这么告吹了！这样争吵有什么意义呢？有经验的老销售员，开始会随着客户的观点展开一些议论，但是会在争论中将话题引向销售的产品上。对与销售无关的东西，销售人员要全部放下，尽量杜绝，闭口不谈，因为主观性的议题对我们的销售没有任何好处！

（2）不说夸大不实之词

不要夸大产品的功能！因为客户在以后的日子里，终究会明白你所说的话是真是假。销售人员不能为了一时的销售业绩而去夸大产品的功能和价值，这样的结果就像一颗“定时炸

弹”，一旦爆炸，后果将不堪设想！

任何产品都存在着不足的一面，销售员要客观清晰地帮助客户分析自己产品的优势和劣势，帮助客户熟悉产品和市场，让客户心服口服。要知道，任何的欺骗和谎言都是销售的天敌！

（3）不谈隐私问题

我们要体会客户的心理，而不是去了解客户的隐私，更不是把自己的隐私作为和客户谈话的谈资！大谈隐私也是很多销售员常犯的一个错误，“我谈的都是自己的隐私问题，这有什么关系？”错！就算你只谈自己的隐私，把你的婚姻、生活、财务等和盘托出，这些对你的销售有什么实质性的意义吗？没有！这种“八卦式”的谈论毫无意义，浪费时间，更浪费你销售的商机！

（4）少问质疑性话题

在和客户谈话的时候，你是不是会不断地问客户一些诸如“你懂吗”“你知道吗”“你明白我的意思吗”这些问题？

如果你担心客户听不懂你说话，不断地以一种老师的口吻质疑他们的话，客户肯定会反感。从销售心理学来讲，总是质疑客户的理解力，客户必定会产生不满，会让客户感觉得不到最起码的尊重，进而产生逆反心理，这样的谈话可以说是销售中的一大忌！

如果你实在担心客户不太明白你的讲解，不妨用试探的口吻去了解对方："您有没有需要我再详细说明的地方？"这样说，会让客户更好地接受你。给销售员们一个忠告：不要把客户当成傻瓜，客户往往比我们聪明，不要用我们的盲点去随意取代他们的优点！

（5）回避不雅之言

每个人都希望和那些有涵养、有水平的人相处，不愿意和那些"粗口成章"或者"出口成脏"的人交往。在我们的销售中，销售人员千万不能讲那些不雅之言，不雅的话对我们的销售必然会带来负面影响！

比如，你是个寿险销售人员，你和客户谈话的时候，最好回避诸如"死亡""没命了""完蛋了"之类的词语。那些有经验的销售员，对这些不雅之言往往会以委婉的话来替代这些比较敏感的词，如"丧失生命""出门不再回来"等。不雅之言，人们不爱听，销售人员的个人形象也会大打折扣，这是销售过程中必须避免的话！我们一定要注意，优雅的谈吐会让你走上成功的捷径！

下篇

高情商销售，实战沟通打法

第六章　开拓客户的高情商沟通秘诀

1.找到一个标板，让客户信服

每一位销售员都知道，在销售过程中最大的障碍是什么？是信任！在中国的传统文化中，信任是做人处世的最基本法则，而信任的来源很大程度上是因为人们的心理存在敬畏。孔子说："君子有三畏——畏天命，畏大人，畏圣人之言。"而在今天的商业社会中，人们最相信的商业信息来源主要有两个：一是权威、专家；二就是朋友或关系密切的人。前者因为敬畏而产生信任，后者因为亲密而产生信赖。这两个方面都是在销售工作中，尤其是在销售沟通中必须合理运用的关键因素。

很多销售员认为，任何人只要肯介绍客户，他就是好的推荐人。从理论上来看这确实没有错，可是唯有本身也是合适客户的人士，才会更具有说服力。强有力的推荐人，对销售员来说，具有很高的价值。可是通常只有以下两种理由，客户才愿意为销售员做郑重的推荐：第一种，推荐人跟销售员之间有非同一般的友谊，以至于推荐人可以不计后果，而且不管结果如何，都愿意鼎力推荐。客户多半来自销售员个人亲密的亲朋好友，或者是曾经有恩于他，基于报恩，所以愿意大力相助。

第二种，推荐人有助人为乐的作风。也许是以前的客户、亲戚、朋友或者是一些有社交来往的人——当然不是仅限于这些人。如果他对销售员有任何的不信任，通常他就不会把销售员的名字传播开去，为其做出色的产品宣传。有的销售员会觉得要人帮忙介绍客户是一件非常难开口的事，认为这对销售员的名声很不好。其实那是错误的，只要要求别人帮忙的说法适当，不但要求自然，而且寻求客户的技巧也会跟着大有改善。

不仅可以利用客户为自己宣传，还可以利用局外人为自己宣传。在一般情况下，法庭的陪审团很难对律师的辩词给予十分的肯定，所以最终的判决与律师的努力形成不了正比。面对这种情况，辩护律师通常请目击证人到法庭上提供最有利的证词，以增强辩护词的可信度，取得预期效果。不妨将这种方法引入销售中，“证人”可以让销售员节省很多精力和脑力。利用“局外人”销售，会非常快捷而有效地获得客户的信赖。

当然，如果有第三方的现身说法是最好的办法，但销售人员在实际工作中遇到更多的是开拓陌生客户，这就要求销售员在与顾客沟通中想办法。林涛是一家从事汽车配件销售公司的销售顾问，他得知某汽车生产商要采购大量配件，负责人是江斌，于是，林涛马上约了江斌面谈。

可是，刚见面，江斌就告诉林涛，由于公司临时有会，所以只有一个小时的时间。林涛马上告诉他：“没关系，贵公司的业务繁忙，您能抽出时间见面，我已经很荣幸了。”

江斌告诉他：“你知道，我正在负责采购的是一批关键零件，质量相当重要。”

林涛回答说：“我知道贵公司一向以高质量著称。我们公司也是一个讲求质量的企业，以前也和其他一些知名的汽车生产商打过交道，所以对500强企业的采购模式有一定的了解。”

江斌说：“哦，看来你是行家了。那你们给知名汽车生产商提供的都是什么配件？”

林涛回答说：“各种各样的配件都有。您知道，知名企业对质量的要求几乎达到了吹毛求疵的地步。就像与A名企的合作，当时有5家备选的供应商，他们花了三周分别考察了这些供应商。我们也没有想到，最后他们跟我们公司签订了两年的合约。”

江斌对此也有了兴趣，他问道：“为什么他们最后选择了你们呢？”

“我们在供应商中是唯一一家采用进口材料的，这就确保了我们的使用时限长；我们的加工工艺和生产流程都是国际上最先进的。同时，他们也很满意我们的售后承诺。所以，最后我们成了赢家。”

经过近一个小时的详谈，最后江斌和林涛已经就价格问题达成了一致，他们约定第二天进行具体的签约事宜。在这个销售实例中，林涛无疑是一个很出色的销售顾问，他熟练地使用了成功客户引证的销售技巧。在整个销售中，他虽然受到知名企业的强势压力和见面时间的限制，但仍然能主导整个销售谈话。他巧妙地将与其他知名企业的合作案例摆在客户的面前，并阐述了他们企业的优势所在，使客户打消了合作的顾虑，赢得了客户的信任。

2.像朋友一样和客户谈生意

人在潜意识中总是相信自己的朋友，相信跟自己熟悉的人，而对陌生人往往有一些排斥和戒备，这是人之常情。如果你能够让你的客户感觉你就是他们的朋友，你的销售其实就成功了一半。不是吗？如果那样的话，他们对于你所说的一切，都会有一种信赖感；他们会对你的商品质量深信不疑，他们就永远成了你的“被说服者”。销售人员陈臣说：“我的销售业绩一直就不好，不是我不勤快，主要原因是我不会讲笑话。一次，我和我们经理去谈生意，不到几分钟，经理就和客户像朋友一样开玩笑了，笑哈哈的。可我呢，像个木头桩子似的戳在那里，太失败了！”

经理看到他这个样子，就对他说：“熟读唐诗300首，不会作诗也会吟嘛。如果那个客户说他很忙，你可以说，你不要赚那么多钱就好了嘛。这样，一边说一边笑，气氛很快就能缓和下来。”其实，销售人员最关键的是要有灵活的头脑，思维敏捷更有利于沟通。在谈判的时候不要只把客户当上帝，还要把客户当成你的朋友，保持一种对待朋友的心态，客户就不会有拘束感！

很多销售人员觉得与客户谈生意是一件很严肃的事情，自己要注意礼节，说话要严谨，谈话内容最好是围绕着生意来进行。殊不知，很多经理级别的销售人员和客户谈判时，都会特别注意一些生意以外的东西，这些看似和生意无关的东西反而能影响到一桩生意的成败。

要赢得订单，首先要赢得客户的心。尤其是远道而来的客户，在短暂的宝贵的时间里，销售人员不可能马上就和客人谈什么新的采购计划，一般都是非常随意地与客人闲聊，比如什么生活情况、家庭、教育、有趣的事情等，完了再邀请客户吃晚饭。这种感觉就好像“他乡遇故知”一样，把客户当成了自己的好朋友。

实际上，能否与客户从普通的合作关系发展到能相互分享各自经历的朋友难度是相当大的，所花的功夫也比做成一桩生意要多得多。当然，意义也许比做成一桩生意还要深刻！

从营销学的角度上讲，最大程度地获取客户的终身价值是成功营销的重要标准之一。什么是客户的终身价值呢？简单地说，就是指一个客户为一种产品一生的花费能给公司带来的价值。这个终身价值反映的是客户对这件产品的忠诚度，忠诚度又来自于客户对这个产品的感情！

客户对产品的感情，包括对产品的质量、价格以及使用满意度等客观因素，还会受到主观因素，也就是和销售人员之间的关系的影响，甚至主观因素还可能会高于客观因素。和客户交朋友，不也是“把顾客当上帝”吗？

像朋友一样和客户谈生意，不仅能让客户感到自己受重视，也会对销售人员产生信赖感。长时间地保持这种信赖关系，会最大程度地发掘客户的终身价值。即使做不成生意，多个朋友也不是什么坏事！

当然，你也不可能和每一个客户谈生意的时候都像朋友一样，从客户关系管理上看，也不可能有那样的精力和资源。

销售人员在和客户谈生意的时候还要注意，必须保持一种认真、务实、诚信的态度，最好能形成一种习惯。想把生意做得长久一些，就一定要坦诚相待，努力去争取双赢，而不是花心思去算计对方！

把一个客户谈成你的朋友，有时候是一件很有成就感的事情。也许，这个朋友会带给你更多的生意，毕竟资源共享才能越做越强！让客户感觉你是他们的朋友并不是一件容易的事情。这首先取决于你对待客户的态度。许多公司培训自己的学员的时候经常做这样的练习：

先找出四个学员，然后让每一个学员与之用不同的问候方式交流。

对第一个学员，你面无表情地只说一句："你好！"对方的反应也是冷淡的"你好"两个字；对第二个学员，你面带微笑，同时主动伸出手说："您好！"对方也是面带笑容主动和你握手说"您好"；对第三个学员，你说"您好！我姓××"，同时伸出手，对方也和你的反应一样，并告诉你他姓什么；对第四个学员，你说："您好！很高兴认识您，我叫×××！"对方也和你的反应一样，同时告诉你他的名字。这说明对方对我们的态度，取决于我们给对方怎样的影响和刺激。销售中客户会根据我们的表现和态度来做出相应的反应，如果缺乏主动和热情，很难影响客户的想法和行为。更谈不上对客户进行"说服"了。

所以对于一个销售员来说，热情能让客户感到他与你是一种朋友关系，而不是销售与被销售的关系。如果他们当你是朋友，就会相信你所说的一切。当签下订单的时候，他们也许会说，你的公司的业绩并不是最好的，但跟你在一起，是我最快乐的事。热情能带来幸运，因为人们都喜欢和热情的人在一起。一个销售员如果缺乏热情，面无表情，像机器人一样，那么谁也不愿接近他，更不用说购买产品了。

成功沟通的一个前提就是，要变客户为朋友。世界说很大就很大，说很小也挺小的，同一个城市，要遇到一个人很难，也很容易。要想拥有长远的生意、长远的客户，把客户当成是你的朋友，让他们感到把钱花在你这儿值得，并且信任你，这个很重要。

好多成功的销售员，在工作中跟其客户都成为了朋友。把订单当作友情来经营，让你跟客户都感到开心。这样既谈成一笔订单，又多一个朋友，多一条路。

3.要想钓到鱼，就要像鱼那样思考

心理学家为销售员提出一种销售方法，这种方法要求销售员把自己想象成客户，即从客户的立场出发考虑问题。也就是说，不要仅仅把自己当作一个销售，更要把自己当作一个客户。

“小时候，我喜欢的事就是和爸爸一起去钓鱼。在钓鱼的时候，我发现父亲总是能钓到鱼，而我总是一无所获。对于一个孩子来说，实在是一件沮丧的事。于是我看着父亲的鱼筐，向父亲求教：‘为什么我连一条鱼也钓不到，我的钓鱼方法不对

吗？’可是父亲总是说：‘孩子，不是你钓鱼的方法不对，而是你的想法不对，你想钓到鱼，就得像鱼那样思考。’因为年幼，我根本就不能理解父亲的话。那时，我总是想：我又不是鱼，我怎么能像鱼那样思考呢？这和钓鱼又有什么关系呢？”

一位资深的营销培训专家在给教室里挤得满满的营销人员上课，他不紧不慢地来回踱着步，毫不理会这些听课者越来越不满的表情。他接着说：

“后来，我上中学的时候，似乎体会到了一些父亲话里的真正含义。我仍然喜欢钓鱼，闲暇之余，我开始试着了解鱼的想法。在学校的图书馆，我看了一些和鱼类相关的书籍，甚至还加入了钓鱼俱乐部。在学习和交流的过程中，我对鱼类有了一些了解，也学到了很多有用的东西。

“鱼是一种冷血动物，对水温十分敏感。所以，它们通常更喜欢待在温度较高的水域。一般水温高的地方阳光也比较强烈，但是你要知道鱼没有眼睑，阳光很容易刺伤它们的眼睛。所以它一般呆在阴凉的浅水处。浅水处水温较深水处高，而且食物也很丰富。但处于浅水处还要有充分的屏障，比如茂密的水草下面，这也是动物与生俱来的安全感。当你对鱼了解得越多，你也就越来越会钓鱼了。

“我知道，你们花了很多钱来这里，不是听我说废话的，我也不想说废话，这是我几十年来积攒的宝贵经验，绝对不是废话，请大家耐心一点。”营销专家用力地拍拍桌子，想控制一下台下营销人员浮躁的情绪。

“后来，我进入了商界，也和你们大多数人一样，也是从一个普普通通的业务员干起。现在还记得，我的第一任老板是这样跟我说的：‘虽然我们每个人的职务不同，工作内容也不太一样，但我们大家都要把自己当作一个销售员，我们都需要学会像销售员那样去思考。’在以后的工作中，我一直这样要求自己，阅读大量销售方面的书，参加各式销售研讨会。但是，在学习的过程中，我渐渐发现，我们不仅要学会以一个销售员的心态观察问题，更要掌握客户的心态，就像我父亲说的那样：‘如果你想钓到鱼，你得像鱼那样思考。’而不是像渔夫那样思考！

“这也是我今天向所有营销人员重磅推荐的最重要的一个理念——不要仅仅把自己当作一个营销者，还要把自己当作一个客户。”这位资深的营销专家重重地喊了这一嗓子，一下子把那些正在打瞌睡的家伙给震醒了！一个专业的销售人员，想提高自己的销售业绩，就必须学会站在客户的角度想问题。但是，很可惜，现在有很多销售人员不知道这一点，他们往往喜欢站在自己的立场思考问题，而不能像一个普通的客户那样思考问题。

如果你想和你的老板相处愉快，并能更好地沟通，就必须像他那样看问题。销售的道理也是一样的，你想从客户的口袋里掏钱，必须给客户一个掏钱的理由。这个理由源自哪里，源自客户的内心！只有真正体会到客户思维的销售，才是真正的销售高手。掌握客户的心理不是一件很容易的事，需要懂点儿心理学。初涉销售者，不妨学习一些心理学知识，相信会对你大有裨益！

其实，道理也很简单。你想卖给一个老太太一只足球几乎是不可能的，除非她要送给自己的孙子。因此，以老太太的心态，替她想问题，这才是销售的王道！

4.大家都很忙，有话要简单说

客户需要的是实实在在的信息，不是销售的废话。你的话越简练越有吸引力，紧紧抓住客户的心理才是最重要的！又长又臭的聒噪只会让客户反感，本来有意合作，经过你一番“演说”，也许这事就黄了。张女士到一家商场闲逛，在女装专柜面前想随意看看衣服。她还没站稳脚跟，一位销售人员就走到她的前面，一口一个“大姐”，热情地向她销售商品。“大姐，您看看需要点什么？”“大姐，我们这里有最新款的冬装。”“您身材这么好，这件衣服肯定合适。”张女士在前面走，销售小姐在后面走，几乎是寸步不离。最后，张女士实在受不了了，对这位喋喋不休的小姐说：“谢谢你，我想随便看看，不耽误你工作了！”这位销售小姐只好悻悻地走了。

“说实话，我不喜欢这样又臭又长的谈话，本来想看看有没有合适的衣服，可惜挺好的心情被这些销售人员的过度服务搞坏了。”张女士无奈地摇了摇头。

比张女士更为恼火的是大学三年级的刘佳，刘佳的皮肤不是很好，脸上有些雀斑，和同学逛街的时候多少有些自卑。每次到商场，都有一些销售员上来搭讪，极力向她推荐什么祛斑、美容用品，简直让刘佳无法忍受。相信有很多人都有这样的经历，体会过这种很无奈的感受。过度热情的打机关枪式的销售，往往让顾客厌烦。

为什么又臭又长的谈话会引起顾客的反感呢？除了人的天性的原因不喜欢被别人打扰，现在很多人喜欢把逛商场作为自己的休闲方式，购物只是其次，不需要销售人员的“喋喋不休”。你想想看，顾客不需要的东西，即使你舌灿莲花，顾客也不会买。除了增加反感，几乎没有什么作用。

其实，大部分客户是这样认为的：“你只要告诉我事情的重点就可以了，我不要又臭又长的谈话，请有话直说！”所以，切忌喋喋不休，有时候沉默也许真的就是“金子”，沉默也会有意想不到的效果。销售人员多说几句本没错，想多了解客户的感受和需求也无可厚非，但总是跟在客户的身边喋喋不休地推荐商品，是会让顾客厌烦不已的。

虽说销售人员也有苦衷，商场如战场，不积极主动，不多和客户交流，机会就会越来越少。然而，在交流的时候也要注意到客户的反应，看看客户是否对自己的话感兴趣。如不“感冒”，请立即调整自己的话语，尽量取得和客户的共鸣。

听客户需要什么，听客户期待什么，听客户对自己的看法，这是非常重要的。人都有被尊重和独立思考的权利，狂轰滥炸式的话语往往会适得其反。

作为一个销售人员，服务一定要周到、亲切，并注意观察客户的表情，从轻松的谈话中了解客户的消费能力。别总想着让客户先掏钱，殊不知，欲速则不达。有时候你越想“勾引”客户上钩，越让你失望。一个优秀的销售人员应以客户为中心，尽量做到真诚可信。

无干扰的服务是对客户的一种尊重，长话短说也是一种对客户的尊重，所以，每一个销售人员都应该懂得这个道理，争取“长话短说，有话直说”！

别自以为什么都知道，把客户当成笨蛋。

自己在那边狂吹滥侃、自吹自擂。其实，客户已经恨得牙都痒痒了。在销售的时候，切记不能把客户当成笨蛋，否则就算客户不懂，也不会买你的东西。王女士准备给6岁的儿子买一套合适的书桌和书柜。她选择了一家全国知名的家具代理商。这天，她来到这家公司的品牌店。

王女士一进门，一个销售人员就热情地迎了上来，迫不及待地说：“欢迎光临，一看您就很有眼光。本店的家具质量上乘，设计一流，豪华高档，摆放在您的客厅里，一定可以大大提升您的品位。”

王女士很有涵养地笑了笑：“谢谢，不过我对这些倒不是很重视。对了，你能给我讲讲这套家具的具体构造吗？”她指着一套家具说。

销售员的脸上堆满了笑容：“非常乐意为您效劳，这套家具的边角采取的是欧洲复古风格，设计十分独特，还可以当作梳妆台用，非常适合您这样高雅的女士……”

王女士不得不打断了他的话：“是这样啊，好像这也不是我最感兴趣的。我比较关心的是……”

销售员紧紧地跟在她的身边，马上就接过她的话：“哦，我知道了，您看看！这套家具采用的都是上乘木料，外面还配置了保护层，我敢保证它的使用寿命绝对在20年以上……”

王女士又一次打断了他的话：“不好意思，关于这些，我都相信。但是我想，你误会我的意思了，我更关心孩子……”

王女士本想说：“我更关心适合不适合给孩子用。”还没等她的话说完，那个自作聪明的销售员就抢过了她的话：“这位女士，这样的担忧，在我们店里，您完全可以忽略。我们会为您的家具特别配置一些防护措施，能够避免小孩子在上面乱涂乱画。对了，您再看看，这件家具还是一件非常有价值的收藏品。如果您买全套的话，我们还可以给您优惠价……”

王女士实在听不下去了：“对不起，我想我真的不需要，谢谢你。再见。”就在王女士转身离开的时候，她听到那个销售员还在嘀咕：“不买就不要浪费我的时间嘛，真是的！”王女士苦笑了一下，对这样的营销人员彻底无语了……这位销售员向客户推荐了品位、质量、价格等一系列好处，可是不能做成这笔交易。原因在哪里？这样的销售人员错在不明白客户的心理，以为自己了解客户，是想客户之所想。本来，王女士确实是想买家具的，就因为这个销售员一副不懂装懂的样子选择了别家。不懂客户的心理是很难达成交易的，作为一个销售员，必须具备吸引客户、提升客户购买热情的能力，而不是去打击客户的购买欲。

通过这个家具销售员的故事，我们可以看出，掌握客户的心理，懂得一些营销心理学，对一个营销人员来说是多么重要啊。也许就是这几句话，几分钟的时间，几千元的提成就从我们身边溜走了。你说可惜不可惜？

5.嫌货才是买货人，尽量让客户说话

“嫌货才是买货人”，顾客之所以“嫌弃”你的货物，不正说明他对你的产品产生了兴趣吗？顾客有了兴趣，才会认真地

加以思考，思考后必然会提出更多的意见。这是事物发生的必然规律！如果一个顾客对你的任何建议都无动于衷，没有任何的异议，不用猜了，这个顾客绝对没有一点购买的欲望。

“嫌货才是买货人”是一句台湾俚语，意思是说，嫌货品不好的人才是真正的内行，才是愿意购买你产品的人。遇到挑三拣四的顾客，销售人员不能轻易地否定顾客的购买欲望，恰恰相反，我们要对自己的货物有信心，跟顾客诚恳地讲解产品的优势，不怕人嫌，不怕比较，嫌货才是买货人！刘先生就曾遇到这样一位难缠的顾客。“你的水果也不怎么样啊，一斤也是十元钱吗？”这个顾客拿着一个水果仔细端详起来。

“呵呵，您放心，我的水果不能说是这一片最好的，但绝对不次，您可以和别家的比较比较。”刘先生满脸堆笑，不紧不慢地说。顾客说：“太贵了，8元钱卖不卖？”

刘先生还是笑眯眯的：“先生，我要是一斤卖你八毛钱，对刚买我水果的人不好交代吧？何况都是这个价钱，不能再低了。”

不管顾客是什么态度，刘先生一直保持着微笑。虽然这个顾客嚷嚷着太贵，但最后还是以一斤十元买了。

其实，刘先生不仅仅是服务态度好，他的销售策略也是十分高明的。他在摆摊时，往往是先把那些外观漂亮的水果单独放在一边，定价定得高一些，而那些长得难看的同类水果定价较低。刘先生说：“对比出效益。”靠着这种简单但有效的方法，他现在已经成了一家水果批发公司的老板。

从刘先生的身上，我们就能看出一个销售人员是如何卖出自己的产品的。

1.“嫌货才是买货人”，只有那些嫌货色不好的人才是真心想买我们产品的顾客。

2.“对比出效益”，刘先生的本意不是卖那些价格贵的水果，他真正想卖的是那些便宜的。所谓“好看”只是起到了一种烘托的作用，让顾客觉得便宜一些的水果更实惠。

销售人员分为好几个层次，但大多数人都停留在我卖你买的层次上。像刘先生这样能看透顾客心理的人，才是真正的销售人员。刘先生能够做到完全不在乎顾客批评自己的水果，一点也不生气，不只是修养的问题，也不是对自己的水果有信心，更是一种对顾客心理的深刻洞察力。

在销售的任何阶段，客户都有可能对你的产品的任何方面提出异议。销售人员要时时刻刻做好这种心理准备，对客户的异议不能轻视，更不能心存芥蒂。什么叫销售？经验告诉我们，不断地解决顾客提出的任何异议，坚持下去，达成交易。不嫌你货的人，往往是走马观花的看客，他们是不会把精力浪费在你身上的！

打个比方，你向一个工薪家庭销售一种豪华型轿车，你口若悬河，大谈什么节能环保，顾客是不可能对你有什么异议的，因为他那点工资收入根本买不起你的豪华轿车。但你要向他销售一款皮鞋，也许他会很认真地跟你说："这个皮鞋款式有点老，皮子也不是很好……"实际上，这个顾客已经有些心动了，他的话已经无意间告诉销售员"我很有兴趣买一双"。即使现在不买，那也是你的尚待开发的潜在顾客。

当然，还有的顾客会直接告诉你"我不喜欢""我现在不需要"等无条件的拒绝性异议或者是明显的推托，这时，你可以拿起你的产品离开了，他根本就没有买你东西的打算，他不符合做你的顾客的条件。

第七章　接近顾客必备的高情商沟通秘诀

1.找对每一位客户的准确称呼

戴尔·卡耐基说：“一种最简单但又最重要的获取别人好感的方法，就是牢记他或她的名字。”在销售中也是这样。谁都喜欢被别人叫出自己的名字，所以不管客户是什么样的身份，与你关系如何，你都要努力将他们的容貌与名字牢牢记住，这会使你的销售畅通无阻。如果你一开始就叫错了客户的名字，那接下来势必无法谈下去。一位业务员急匆匆地走进一家公司，找到经理室敲门后进屋。“您好，罗杰先生，我叫约翰，是公司的销售员。”

“约翰先生，你找错人了吧。我是史密斯，不是罗杰！”

“噢，真对不起，我可能记错了。我想向您介绍一下我们公司新推出的彩色打印机。”

“我们现在还用不着彩色打印机。”

“是这样。不过，我们有别的型号的打印机。这是产品资料。”约翰将印刷品放在桌上，“这些请您看一下，有关介绍很详细的。”

“抱歉，我对这些不感兴趣。”史密斯说完，双手一摊，示意约翰走人。准确地记住客户的名字在销售中具有至关重要的作用，甚至这种销售技巧已经被人们叫做记名销售法则。美国最杰出的销售员乔·吉拉德就能够准确无误地叫出每一位顾客的名字。即使是一位五年没有见过的顾客，只要踏进乔·吉拉德的门槛，他就会让你觉得你们是昨天才分手，并且他还非常挂念你。他这样做会让这个人感觉自己很重要，觉得自己很了不起。如果你能让某人觉得自己了不起，他就会满足你的所有需求。

记住别人的名字是非常重要的事，忘记别人的名字简直是不能容忍的无礼。因为能够热情地叫出对方的名字，从某种程度上表现了对他的重视和尊重，而好感就由此产生。

如果你还没有学会这一点，那么从现在开始，留心记住别人的名字和面孔，用眼睛认真看，用心去记，不要胡思乱想。

要牢记客户的名字，准确称呼客户，可参考下面四个方法。

（1）用心听记

把准确记住客户的姓名和职务当成一件非常重要的事，每当认识新客户时，一方面要用心注意听；一方面牢牢记住。若听不清对方的大名，可以再问一次："您能再重复一遍吗？"如果还不确定，那就再来一遍："不好意思，您能告诉我如何拼写吗？"切记！每一个人对自己名字的重视程度绝对超出你的想象，客户更是如此！记错了客户名字和职务的销售员，很少能获得客户的好感。

（2）不断重复，加强记忆

在很多情况下，当客户告诉你他的名字后，不超过10分钟就被忘掉了。这个时候，如果能多重复几遍，才会记得更牢。因此，在与客户初次谈话中，应多叫几次对方的称呼。如果对方的姓名或职务少见或奇特，不妨请教其写法与取名的原委，这样更能加深印象。

（3）用笔辅助记忆

在取得客户的名片之后，必须把他的特征、爱好、专长、生日等写在名片背后，以帮助记忆。若能配合照片另制资料卡则更好。不要一味依赖自己的记忆力，万一出错，则得不偿失。

（4）运用有趣的联想

对于客户的称呼，如果能利用其特征、个性以及名字的谐音产生联想，也是一个帮助记忆的好方法。

2.初次见面，可以不谈业务

在销售过程中，当很多销售员满怀热情地去销售产品时，常常是一开口就遭到了拒绝，大多数客户可能告诉你他没时间或者对你的产品根本不感兴趣。之所以遭遇这样的尴尬有三个原因。其一，客户真的没时间；其二，客户对销售抱有抵触心理；其三，销售的对象不明晰。那么如何避免一开口就遭到拒绝这样的尴尬呢？美国著名的保险销售员乔·库尔曼在29岁时就成为美国薪水最高的销售员之一。

一次，乔·库尔曼想预约一个叫阿雷的客户，他可是个生意上的大忙人，每个月至少乘飞机行10万英里。乔·库尔曼提前给阿雷打了个电话。

“阿雷先生，我是乔·库尔曼，理查德先生的朋友，您还记得他吧？”

“是的。”

“阿雷先生，我是人寿保险销售员，是理查德先生建议我结识您的。我知道您很忙，但您能在这一星期的某天抽出5分钟，咱们面谈一下吗？5分钟就够了。”乔·库尔曼特意强调了“5分钟”。

“是想销售保险吗？几星期前就有许多保险公司都找我谈过了。”

“那也没关系。我保证不是要向您销售什么。明天早上9点，您能抽出几分钟时间吗？”

“那好吧。你最好在9点15分来。”

“谢谢！我会准时到的。”

经过乔·库尔曼的争取，阿雷终于同意他拜访了。第二天早晨，乔·库尔曼准时到了阿雷的办公室。

“您的时间非常宝贵，我将严格遵守5分钟的约定。”乔·库尔曼非常礼貌地说。

于是，乔·库尔曼开始了尽可能简短的提问。5分钟很快到了，乔·库尔曼主动说：

“阿雷先生，5分钟时间到了，您还有什么要告诉我吗？”

就这样，谈话并没有结束，在接下来的10分钟里，阿雷先生又告诉了很多乔·库尔曼想知道的东西。实际上，在乔·库尔曼约见的许多客户中，有很多人是在5分钟后又和乔·库尔曼说了一个小时，而且他们完全是自愿的。

约访但不谈销售可以避免自己的销售行为被掐死在摇篮中，而且也能了解更多的客户信息。乔·库尔曼就是本着这一原则，在很多的约访中坚持不谈销售，从而消除了客户的警戒心理，确保了和客户的面谈机会，同时也赢得了客户的好感。

采取“初次见面，可以不谈销售”的方式首先要做好预约这一步，只有这一步做好了才有可能与客户见面。好的预约会给客户留下良好的印象，为下次的良性互动和销售的顺利进行创造条件。这正是心理学中首因效应阐述的道理。首因效应是指两个陌生人在首次接触时，如果第一印象感觉良好，那么以后的交往也会相对顺利。销售员在预约过程中要善于运用人们的这一心理，把握时机争取和客户的面谈。

与客户预约一旦成功，销售人员在拜访客户时，一定要注意以下几点。

（1）遵守诺言，不谈销售

由于你在电话里已经与客户说好了不谈销售，所以销售人员一定要遵守诺言，除非客户自己主动提及，否则不要介绍公司产品以及相关的内容。如果你自己违反了诺言，客户会认为你是一个不可信的家伙。

（2）说话速度不宜太快

语速太快不利于对方倾听和理解，同时也不利于谈话的进行，因为语速太快会给对方一种压力感，似乎在强迫对方听你讲话。

（3）不占用客户太多时间

说占用对方几分钟的时间就占用几分钟，尽量不要延长，否则客户不但认为你不守信用，还会觉得你喋喋不休，那么下次你再想约见他恐怕就很难了。当然，如果客户自己愿意延长时间与你交谈那就另当别论了。

（4）让客户说话，多了解有用的信息

销售员在拜访客户的时候尽量多问问题，多听客户说话，这样做的目的一来是为了让销售员多了解客户的信息；二来是为了变单向沟通为双向沟通，让客户由被动接受变为积极参与。

（5）保持良好的心态

销售员在拜访客户时，不但不要提及销售，还要保持良好的心态，要面带微笑、声音悦耳，微笑地说话，不要给自己和客户压力，这样在客户面前你才会显得更有亲和力。

总之，在销售过程中采用“约访，但不谈销售”的方式不仅仅要运用约访的讲话艺术，还要运用其他的手法。一个好的销售员往往善于总结各种讲话艺术的优缺点，取其所长，在销售过程中综合运用。

3.不会提问，就做不好销售

在销售中，巧妙地向客户询问的好处很多，它不仅可以较好地把握客户需求，与客户保持良好的关系，还有利于掌握和控制谈判进程，减少与客户之间的误会。

不仅在挖掘客户需求时需要问，在促进客户成交时也要问。巧妙询问是有系统和针对性的，先弄清了客户需求，接着为自己介绍公司及产品做好了铺垫，同时引起客户对公司的兴趣，接下来站在客户需求的立场上提出问题，以帮助对整个谈判局面的控制，最后有目的地促进交易完成，并为以后的长期合作奠定基础。

但是，如果在提问过程中不讲究方式和方法，那不仅达不到预期的目的，恐怕还会引起客户的反感，从而造成与客户关系的恶化，甚至破裂。所以，销售员在向客户提问时需要掌握以下要点。

（1）问题必须切中实质

在沟通中，任何提问都必须紧紧围绕着特定的目标展开，这是每一个销售人员都必须记住的。因此，与客户沟通过程中的一言一行要有目的地进行，千万不要漫无目的地脱离最根本的销售目标。对此，在约见客户之前，销售员应该针对最根本的销售目标根据实际情况进行逐步分解，然后按分解之后的小目标考虑好具体的提问方式。这样制定出来的问题，不仅可以避免因谈论一些无聊话题浪费彼此的时间，又可以循序渐进地实现各级目标。

（2）多提开放性的问题

开放性提问是与封闭性提问相对的，所谓的封闭性提问是答案已经受到限定的提问，客户只能在有限的答案中进行选择，这些答案往往是“是”“不是”“对”“错”“有”或者“没有”等简短的答案，比如“我能否留下产品的相关资料呢”“您是不是觉得和大公司合作比较可靠”等等。封闭性提问不仅会使客户感到很被动，还会产生被审问的感觉，而销售人员也只能从客户的答案中得到极其有限的信息。

因此，销售员应该多向客户问一些开放性问题，不要限定客户回答问题的答案，而完全让客户根据自己的兴趣，围绕谈话主题说出自己的真实想法。开放性提问可以令客户感到自然且能畅所欲言，有助于销售人员根据客户谈话了解更有效的客户信息。而且，在客户感到不受约束、畅所欲言之后，他们通常会感到放松和愉快，这显然有助于双方的进一步沟通与合作。

常见的开放性问题有：

◎“……怎（么）样”或者“如何……”典型问法：

“您通常都是怎样（如何）应付这些问题的？”

“我们怎样做，才能满足您的要求？”

“您希望这件事最终得到怎样的解决才算合理？”

“您觉得形势会朝着怎样的趋势发展下去？”

◎“为什么……”典型问法：

“为什么您会面临如此严重的问题？”

“您今天为什么如此神采奕奕？”

“为什么您会对××产品情有独钟？”

◎“什么……”典型问法：

“您遇上了什么麻烦？”

“您对我们有什么建议？”

“您的合伙人还有什么不同想法？”

“如果采用了这种产品的话，您的工作会发生什么变化？”

◎“哪些……”典型问法：

“您对这种产品有哪些看法？”

“哪些问题经常令您感到头疼？”

“您觉得这种产品的哪些优势最吸引自己？”

在销售中，提问要掌握两个要点，一个是提出探索式的问题，以便发现顾客的购买意图以及怎样让他们从购买的产品中得到他们需要的利益，从而就能针对顾客的需要为他们提供恰当的服务，从而实现成交。另一个是提出引导式的问题，让顾客对你打算为他们提供的产品和服务产生信任。由你告诉他们，他们会怀疑；让他们自己说出来，就是真理。

下面是一些在实际应用中的有效方法，可以给销售员提供有益的参考。

（1）连续肯定法

这个方法是指销售员所提问题便于顾客用赞同的口吻来回答。也就是说，销售员让顾客对其销售说明中所提出的一系列问题，连续地回答“是”，然后，等到要求签订单时，已形成有利的情况，好让顾客再作一次肯定答复。

如果销售员要寻求客源，事先未打招呼就打电话给新顾客，可说：

“很乐意和您谈一次，提高贵公司的营业额对您一定很重要，是不是？”

“是。”

“好，我想向您介绍我们的××产品，这将有助于您达到目标，日子会过得更潇洒。您很想达到自己的目标，对不对？”

“对。”……这样让顾客一“是”到底。

运用连续肯定法，要求销售员有准确的判断能力和敏捷的思维能力。每个问题的提出都要经过仔细的思考，特别要注意双方对话的结构，使顾客沿着销售人员的意图做出肯定的回答。

（2）单刀直入法

这种方法要求销售员直接针对顾客的主要购买动机，开门见山地向其销售，打他个措手不及，然后“乘虚而入”，对其进行详细劝服。

门铃响了，一个衣冠楚楚的人站在大门的台阶上，当主人把门打开时，这个人问道：“家里有高级的食品搅拌器吗？”男人怔住了，这突然的一问使主人不知怎样回答才好。他转过脸来和夫人商量，夫人有点窘迫又好奇地答道：“我们家有一个食品搅拌器，不过不是特别高级的。”销售员回答说：“我这里有一个高级的。”说着，他从提包里掏出一个高级食品搅拌器。

结果这对夫妇接受了他的销售。假如这个销售员改一下说话方式，一开口就说：“我是北京瑞凯销售员，我来是想问一下你们是否愿意购买一个新型食品搅拌器？”你想一想，这样说话的销售效果会如何呢？

（3）诱发好奇心

诱发好奇心的方法是在见面之初直接向可能的买主说明情况或提出问题，故意讲一些能够激发他们好奇心的话，将他们的思想引到你可能为他提供的好处上。

如一个销售员对一个多次拒绝见他的顾客递上一张纸条，上面写道："请您给我十分钟好吗？我想为一个生意上的问题征求您的意见。"纸条诱发了采购经理的好奇心——他要向我请教什么问题呢？同时也满足了他的虚荣心——他向我请教！这样，结果很明显，销售员应邀进入办公室。

但当诱发好奇心的提问方法变得近乎耍花招时，用这种方法往往很少获益，而且一旦顾客发现自己上了当，你的计划就会全部落空。

（4）"照话学话"法

这种方法就是首先肯定顾客的见解，然后在顾客见解的基础上，再用提问的方式说出自己要说的话。

如经过一番劝解，顾客不由地说："嗯，目前我们的确需要这种产品。"这时，销售员应不失时机地接过话头说："对呀，如果您感到使用我们这种产品能节省贵公司的时间和金钱，那么还要等待多久才能成交呢？"这样，水到渠成，顾客会自然地买下。

（5）刺猬效应

在各种促进买卖成交的提问中，“刺猬”技巧是很有效的一种。所谓“刺猬”放应，其特点就是你用一个问题来回答顾客提出的问题。你用自己的问题来控制你和顾客的洽谈，把谈话引向销售程序的下一步。

顾客：“这项保险有没有现金价值？”

销售员：“您很看重保险单是否具有现金价值的问题吗？”

顾客：“绝对不是。我只是不想为现金价值支付任何额外的金额。”

对于这个顾客，若你一味向他销售现金价值，你就会把自己推到河里去一沉到底。这个人不想为现金价值付钱，因为他不想把现金价值当成一桩利益。这时你该向他解释现金价值这个名词的含义，提高他在这方面的认识。

4.热情才是你创造交易的关键心态

“只有划着的火柴才能点燃蜡烛”，把火柴比喻成热情，把蜡烛看作我们的客户，只有我们自身充满热情的时候，才能感染冷冰冰的客户，让蜡烛燃烧起来。

有人说，老板就是老板着脸的人。但你不是老板，所以你不能板着脸。没有一位顾客愿意跟一个总是板着脸、死气沉沉的销售员交谈，更不要说什么购物了！

如果缺乏热情，你的工作就会像缩水的蔬菜一样，毫无生气和新鲜可言。这个世界上没有谁能够拒绝一个热情的人。热情是世界上最具感染力的一种感情。据有关部门研究，产品知识在成功销售的案例中只占5%，而热情的态度却能占到95%。满怀热情，才能更好地完成任务。某商场超市的导购员张秉贵被顾客亲切地称为“一团火”，他对顾客十分热情，就像一团火一样让顾客时刻感受到温暖。

一天中午，一位女顾客气呼呼地来到糖果柜台前，张秉贵微笑着对她说：“您好，您想买点什么糖？”“不买难道就不能看看吗？”说完，这位顾客连看都不看他一眼，绷着脸继续向柜台东头走去。张秉贵心想：“她一定是遇到了什么不顺心的事，她心情本来就不是很好，我热情一点，也许能让她消消气。”

张秉贵一边走，一边和颜悦色地说：“最近到了一些新糖果，反映还不错，您想试试吗？”这位顾客有些不好意思，她没见过这么热情的销售员。她很抱歉地对张秉贵说：“对不起，您不要见怪，我孩子不听话，我真想狠狠地揍他一顿！”

“您可不能打孩子，教育孩子可不能这样，给他买点糖也许他会更乐意接受您的。”这位顾客彻底被张秉贵感动了，她二话不说就买了二斤糖果，还说：“您的服务态度真是太好了……”以后，这位女顾客每次到这个超市，都要跟张秉贵聊一会儿。张秉贵的“一团火”温暖了自己，也照亮了别人。有人说："没有热情就没有销售。"你好意思拒绝一个对你满面堆笑的人吗？你好意思拒绝一个对你说好话的人吗？你好意思拒绝一个在你有困难时给予你帮助的人吗？你不能！热情的人能让你感到温暖，热情的销售人员更能赢得顾客的好感和认可！

不管你是一个超市导购员，还是对固定客户服务的销售人员，或是四处奔波的业务员，你都要保持热情，热情才是你创造交易的关键心态！

热情产生动力，动力决定一件事的结果。在销售过程中，尤其是跟客户讲话的时候，绝对要热情，这也是成功的基本要素之一。热情最能够感化他人的心灵，会使人感到亲切、自然，能够缩短你和顾客之间的距离。

所以说，销售人员不管在什么时候都要充满热情，并学会用自己充满热情的心态和话语去感染客户、打动客户。

5.让客户想知道还有谁买过

销售面对的是客户，想成功地达成交易，除了要了解产品和业务相关知识，更要常问自己一个问题——客户在想什么？

客户的心中总是充满了疑问，即使他们对你的产品很熟悉，对你的业务很了解，他们仍然还会问你很多问题。销售人员必须认识到这一点。面对客户的"故意刁难"和形形色色的问题，我们又该怎么回答呢？

每个客户的情况不同，关注的问题也不尽相同，销售人员可以根据客户的不同情况具体分析，“严阵以待”。比如一个客户在购买之前问：“还有谁买过？”这句话的意思你知道吗？

鲁迅先生曾说：“第一个敢吃螃蟹的人才是真正的勇士。”但在购物的时候，很多客户不愿意成为一个“勇士”。他们不愿意承受“被螃蟹夹伤”的疼痛，不愿意成为一个产品的“实验者”。客户想知道“除了我，还有谁买了”，原因正在于此。

尤其是面临较大的购买风险，对产品知识和购买经验缺乏时，客户更喜欢问这个问题。销售人员不妨告诉客户：“我们有很大一批对这个产品感到满意的用户，您放心，我们的产品绝对不会让您失望！”

客户认为充当领先者总是有风险的，他们有这样的疑问也很正常，换作是你，你也会有这样的想法。有了问题才是销售的开始，解决客户心中的问题，是营销过程中至关重要的环节。你能很好地帮助客户解决这个问题，客户也会更加信赖你，喜欢你。

广告学中的“名人效应”很大程度上正是为了解决客户这个“还有谁买过”的问题。销售人员自己和客户解释，效果可能不是很好，如果加上一位有声望的人给你作证的话，客户的怀疑心理就会减弱。充当领先者总是有风险的，不能打消客户这种心理疑虑，客户心里就会竖起一道你无法逾越的城墙。

还有一些客户属于“尝鲜者”，这些“尝鲜者”大多也是心存疑虑，对你的产品和业务略微有些了解，但是一直下不了购买的决心。其实，只要销售人员能给他们提供良好的产品和服务，心里装着客户，懂得为客户着想，再加上价格合理，很多“尝鲜”的客户就会选择你和你的产品，慢慢变成你的老客户。

很多情况下，这种有想法但是又不敢轻易下决心的客户会成为购买你产品的人。如果你能给他们一个“名人常来光顾”的理由，说不定他们二话不说就付钱了。

古语有云：枪打出头鸟。所以，很多人不敢争先，不敢尝试新鲜的事物，不敢做你的产品的第一个顾客。为了打开销售局面，你要构思一个让他们信赖的方法。尽可能地在你现有的业务范围内，找出一些新鲜的服务项目，达到吸引顾客的目的。信任你的人越多，你的业务量也就越大。

第八章　产品介绍时的高情商沟通秘诀

1.展示你专业的形象

假设你是一个德国刀具的销售人员。顾客问："这个刀子好在哪儿啊？"你说，很锋利。顾客又问你，如何锋利？你说是合金钢做的。顾客又问，用什么合金做的？你说，不知道，反正这个刀很锋利就是了。想想看，顾客会怎么评价你。

你去医院看病的时候，希望接待你的是个老中医还是个初出茅庐的医科大学毕业的大学生？当然是有经验的医师更值得信赖啦，不是说大学生的水平差，而是说人的心理往往趋同于那些年长一些、经验较丰富的人。

现代营销观念里很重要的一条就是顾问、专家式的行销。客户往往强调的是自己的需求，包括产品、产品的创意以及其他和产品相关联的东西。顾问式行销的出发点也正是源于顾客的需求，最终的目的是对顾客信息做研究、反馈和处理。

在销售过程中，做一个顾问式的销售人员能更好地帮助顾客收集信息、评估选择，减少购买支出。同时，还能让顾客产生良好的购买后反应。作为一个销售人员，你不能只着眼于一次购买行为，而是要通过自己专业的知识和积极的态度，同客户保持长期合作关系，以顾客的利益为中心，坚持感情投入，适当让利于顾客，实现双赢。

销售不仅仅是一种职业，更是对人生的一种挑战，一种在激烈的竞争中进行自我管理的能力。所以销售人员必须专业，在力量、灵活性及耐力等方面一定要具有较高的素质。

如何才能做到专业呢？大体上有以下几点要求：

第一个要求：顾客不知道的，你要知道；顾客知道的，你知道得要比顾客更详细。

所以，一个称职的销售人员想让顾客购买你的产品，就应该把话讲清楚，尤其是产品的功能和制作原理。想卖给人家刀子，就要懂得合金钢的原理，对刀的合金成分的比例要清楚。顾客不知道的我们要知道，顾客知道的我们知道得比顾客更正确、更清楚。

第二个要求：除了知道自己的主业以外，还要知道其他很多相关的常识。

假如你第一次到北京来玩，坐上了一辆出租车。你在路上随便指着一个建筑问司机，司机却说自己不知道。司机只管开车，只知道路怎么走，对北京的文化、历史却不是很了解。你会怎么看这个司机？是不是觉得这个司机很不称职？所以，一个合格的销售人员不但要对自己本行业的专业知识有深刻了解，还要对产品相关的常识做一些了解，不但要专业，还要多元化。

第三个要求：你是帮客户“买”东西，不是“卖”东西给客户。

余先生经常到国外旅游，他说过这样一件事，相信会对销售人员有所启发。在欧洲喝咖啡，咖啡厅的工作人员教会了他很多喝咖啡的学问，比如喝咖啡是品咖啡，不能一口气喝光；喝咖啡不能吹，不管多烫都不能一面喝一面吹等。可是在国内的很多咖啡厅里，服务人员看到客人出洋相还在一边“幸灾乐祸”地嘀咕：“不会喝就不要喝啊，装什么呀？”你说，这是一个营销人员该说的话吗？让客人听到了谁还会来啊？一个销售人员必须具备帮助顾客的心态，而不是说：“你会不会喝，这是你的事。我的目的就是把咖啡赶快卖给你。”

第四个要求：你的客户是永远的客户，而不是只来一次。

台北的诚品书店排名亚洲第一。全天24小时营业，地板纯实木，非常干净，顾客可以坐在地上看书。书店里有油画、鲜花、咖啡及优雅音乐，而且每周一、三、五下午两点到五点还有名人讲座。最难得的是，顾客只要能说出这个世界上已经出版的任何一本书，工作人员都会想尽办法帮你找到。所以，很多高层人士一有闲暇就来这里。因为，经营者知道：客户不是只做一次的，而是做永远的。

2.第一时间展示产品的优势

在与客户沟通中，销售员需要把自己的产品优势充分地展现出来，这样有利于打动客户。但销售员首先需要弄清楚，哪些是产品特征，哪些是产品的益处。

一般来讲，产品的特征就是指产品的具体事实，如产品的功能特点和具体构成；而产品的益处指的是产品对客户的价值。在介绍产品时，要把产品的特征转化为产品的益处，如果不能针对客户的具体需求说出产品的相关利益，客户就不会对产品产生深刻的印象，更不会被说服购买。而针对客户的需求强化产品的益处，客户就会对这种特征产生深刻的印象，从而被说服购买。

“的确，这个产品的牌子不太响亮，但它的优点却是最适合你的。它的节电功能可以让你尽情享受3天，你根本不必担心会用多少电。而且它的价格也比同类产品便宜得多，何乐而不为呢？”一部手机销售员如是说。

一个空调销售员对顾客说：“价格是高了点，但它的性能是卓越而人性化的。有了它，您就会有一个舒适的夏天。”

“我们对产品的服务是众所周知的，优异的性能再加上优质的服务，您使用起来就会更方便舒适。”

在上面的销售语言中，销售员的说辞都具有较好的说服力。他们能够抓住产品的特点，突出产品的长处，来淡化产品的弱势。销售员在向客户介绍产品时，如果不能让产品的价值和优势打动客户，在接下来的工作中就会非常被动。因此，介绍产品要扬长避短，针对客户的需求点中的关键部位来介绍产品的功能，以此来赢得销售上的成功。

那么，销售员在实战中应该如何掌握展现产品优势、弱化劣势的技巧呢?

（1）掌握说明产品益处的方式

一般来讲，无论销售员以何种方式向客户介绍或展示购买产品的好处，通常会围绕以下几个方面展开：省钱、性价比、方便、安全、爱、关怀、成就感等。

针对这些方面，销售员要根据不同的客户采用不同的说明方法。比如：“产品先进的技术会给你带来巨大的效益。”“方便的使用方法会给你节约大量的时间。”“这种产品可以更多体现你对家人的关心和爱护。”“产品时尚的外观设计可以体现出您的超凡品位。”

当然，销售员应该注意的是，说明产品益处时，必须针对客户的实际需求展开。如果提出的产品益处并不符合客户的需求，比如向需求实惠产品的客户推荐时尚而价格高昂的产品，那么这种产品的益处再大，也不会引起客户的购买兴趣。

（2）强化产品优势，淡化无法实现的要求

当客户说出愿意购买的产品条件时，销售员要将自己的产品特征和客户的理想产品进行对比，明确哪些产品特征是符合客户期望的，客户的哪些要求难以实现。在进行了一番客观的对比后，销售员就能有针对性地对客户进行劝说。

销售员要强化产品的优势，对客户发动攻势。如："您提出的产品质量和售后服务要求，我公司都可以满足您，一方面，我公司的产品的特点在于……另一方面，我公司为客户提供了各种各样的服务项目，如……"

在强化产品优势时，销售员必须保证自己的产品介绍是实事求是的，并且要表现出沉稳、自信和真诚的态度。

无论销售员多么努力地向客户表明产品的各项优势，可聪明的客户还是会发现，你销售的产品在某些方面达不到客户理想的要求，这是不可避免的。这时，你要主动出击，以免让客户步步紧逼，使自己处于被动地位。

3.产品不足的地方，自己主动说出

在一家知名企业的内刊上有这样一句话："优秀的销售代表必须为产品说实话，他必须承认，产品既有优点也有不足的地

方。”但是在销售中，为了尽快实现成交，一些销售人员会把产品的优势说得天花乱坠，但是对于产品固有的缺点和不足，他们则会百般掩饰和隐瞒。可是，销售人员必须承认，产品既有优点也有不足的地方。如果产品明明具有某种缺陷，而销售人员却执意隐瞒、不敢承认，那么一旦客户发现真相，即使销售人员再做多少解释，都很难挽回客户的信任。

当然，要承认产品的不足并非就是简简单单地将所销售产品的所有问题都罗列在客户面前。销售过程当中固然要对客户保持诚信，勇敢地正视产品不足，但是这也需要讲究一定的技巧。有时候，尽管销售人员已经将产品的所有真实信息都对客户坦诚相告，但是客户仍然认为你讲的话有水分；还有一些时候，当销售人员冒冒失失地将产品的某些缺陷告诉客户的时候，客户会因为接受不了这些缺陷而放弃购买。掌握一定的技巧，不仅可以使客户对你及你所销售的产品更加信赖，而且还可以更加有效地说服客户，使客户产生更加积极的反应。

（1）主动说出一些小问题

从来就没有完美无缺的产品，客户尤其深信这一点。如果销售人员自始至终只提产品的优势，而对产品的不足只字不提，那你销售的产品不仅不会在客户心中得到美化，反而会引起客户的更多疑虑。他们可能会主动询问，也可能会在心里暗自猜疑。为了打消客户的疑虑，销售人员可以主动说出一些有关产品不足的问题，说这些问题的时候，态度一定要认真，让客户觉得你足够诚恳，但是这些问题的内容一定是无碍大局的，对方可以接受的。

当销售人员主动地将产品存在的问题说出来之后，客户就会认为你更值得信赖。

（2）实话巧说

在告诉客户真相时，销售员也并不是要在任何情况下、对任何事情都实话实说。有些问题销售员虽然可以说出，但也不能一股脑儿全部抛出；有些问题是销售员不能如实说出的，如商业机密等。

关于这些不能说出或者不好说出的问题，销售员一定要格外注意，不要为博得客户一时高兴就信口开河。在说一些问题时，可以采用声东击西的策略，如："您说的价格问题，其实不是一个大问题，好的产品制造投入自然高一些。试想，如果你花较少的钱买了质量比较差的产品，心里是不是十分郁闷？而我们的产品质量是绝对可以信赖的。"

（3）为自己说过的话负责

销售员在与客户沟通时，不要轻言承诺，对自己做不到的事千万不要答应。而答应了客户的事情，就一定要想办法做到，这既是为客户负责，也是为自己负责。如果信口开河，随口答应，不但不能树立自己的信誉，还会失去客户对你的信任。

而如果销售员答应客户的事情无法做到，就一定要诚恳地向客户道歉，并尽量在别的方面对客户做出补偿。

（4）别去直指客户的问题

虽然销售员要尽可能将客户奉为上帝，但不可否认，这些“上帝”也各有各的不足。有的时候，他们会因为心情不好而把你当作出气筒；有时他们提出的条件太过苛刻；有时他们又碍于面子，不肯承认自己的真实需求……

对于客户的种种问题，销售员心知肚明即可，不要直接指出，这样可能会挫伤客户的自尊心，影响你们的进一步沟通。

即使顾客在最后关头突然改变主意，销售员也不能带有情绪，更不可指责、破口大骂，要相信他不买一定有他的原因，要设身处地地表达出你的理解和关切。第一次沟通只是交易的开始，即使客户不购买，只要给客户留下深刻的友好形象，不愁他不会再来。

4.产品介绍前，一定要抓住目光

面谈是整个销售工作的核心部分，事关销售工作的成败，因此，在进行相对来说比较复杂枯燥的专业知识介绍之前，你就应先将客户的注意力吸引过来，而后再牢牢地抓住它。

注意是人的一种复杂的心理现象，它是心理活动对客观事物的指向和集中。注意是人的大脑活动处于一种兴奋状态，是各种感觉、知觉、记忆、思维等多种活动的综合表现。任何人的购买活动都是以注意作为第一步开始的。如何才能引起顾客的注意呢？下面一些方法会对你的销售工作有所帮助。

（1）抓好开头语

为了吸引顾客的注意力，在面对面的销售访问中，说好第一句话是十分重要的。开场白的好坏，几乎可以决定一次销售访问的成败。换言之，好的开场白就是销售成功的一半。专家们在研究销售心理时发现，洽谈中的顾客在刚开始的30秒钟所获得的刺激信号，一般比以后十分钟里所获得的要深刻得多。在不少情况下，销售员对自己的第一句话处理得往往不够理想，有时废话太多，根本没有什么作用。

比如人们习惯用的一些与销售无关的开场白："很抱歉，打搅您了，我……""哟，几日不见，您又发福啦！""您早呀，大清早到哪儿去呀？""您不想买些什么回去吗？"在聆听第一句话时，顾客集中注意力而获得的只是一些杂乱琐碎的信息刺激，一旦开局失利，接下来展开的销售活动必然会困难重重。

开始即抓住顾客注意力的一个简单办法是去掉空泛的言辞和一些多余的寒暄。为了防止顾客走神或考虑其他问题，在销售的开场白上要多动些脑筋，开始几句话必须是十分重要而非讲不可的，表述时必须生动有力、句子简练、声调略高、语速适中。讲话时，要目视对方的眼睛，面带微笑，表现出自信而谦逊、热情而自然的态度，切不可拖泥带水、支支吾吾。一些销售员认为，一开场就使顾客了解自己的利益所在是吸引对方注意力的一个有效思路。比如：“您知道一年只花几块钱就可以防止火灾、水灾和失窃吗？”顾客表现出很想得知详细介绍的样子，于是销售员又赶紧补上一句：“您有兴趣参加我们公司的保险吗？我这儿有20多个险种可供选择。”

又如，某叉车厂销售员问搬运公司管理人员：“您希望缩短货物搬运时间，为公司增加两成利润吗？”

对方一听，马上对上门访问的销售员表现出极大热情。在上述两例中，如果销售员直截了当地问对方，是否需要参加保险，是否想购买叉车，而不是以问话的形式揭示保险、叉车带来的好处，销售效果显然会差一些。

在开场白中，销售员可以开门见山地告诉顾客，揭示你可以使对方获得哪些具体利益，如：

“王厂长，安装这部电脑，一年内将使贵厂节约15万元开支。”

“胡经理，我告诉您贵公司提高产品合格率的具体办法……”

这样的开场白肯定能够让顾客放下手头工作，倾听销售员的宣传介绍。

（2）出奇言

销售员上门访问时出其不意地讲一句话，往往能一下子抓住顾客的注意力。一位远道而来的销售商与客户洽谈交易时，为了吸引对方的注意力，他很喜欢用这样一句话来开始介绍他所销售的产品：“说真的，我一提起它，也许您会不耐烦地把我赶走的。”这时顾客自然会作出如下反应：“噢？为什么呢？照直说吧！”

不用多说，对方的注意力已经一下子集中到销售商以下要讲的话题上。

出奇言时，要掌握好时机、对象和语言的分寸，千万不要危言耸听，俏皮话也应少讲。可惜，有些销售员恰恰忘记了这一点，即使达到唤起注意的目的，也没有好戏再唱下去。

如有一位初学销售的年轻人在卖帽子时试图出奇言而制胜，不管对方是谁，劈头就说：“老兄，瞧您这头发，稀稀拉拉的几根，买一顶帽子戴上吧。”结果可想而知，他的销售努力失败了。

（3）引旁证

在香港，一家著名的保险公司销售经纪人常常在自己的老主顾中挑选一些合作者，一旦确定了销售对象，公司征得该对象的好友某某先生的同意，上门访问时他这样对顾客说：“某某先生经常在我面前提到您呢！”对方肯定想知道到底说了什么，愿意听这位经纪人讲下去。这样，销售双方便有了进一步商讨洽谈的机会。在唤起注意方面，销售员广泛引用旁证往往能收到很好的效果。

引用旁证时，销售员还可以引用一些社会新闻。谈论旁证材料和社会新闻时，首先应以新见长，最新消息、最新商品、最新式样、最新热点都具有吸引注意的凝聚能力。这种方法不大适用于匆匆而过的顾客，但对于一些老主顾，诸如住宿旅客、闲逸游人、洽谈对手、办公室人员却有着相当的作用。尤其是谈到竞争对手的新闻时，大可不必评头品足大发议论，因为买方和卖方看待问题的角度是不尽相同的。对卖方代表来说，别人的货不好，我的货自然比别人强；可是买方代表认为，别人的东西不好，你销售的东西也不一定是好的。既然如此，损人夸己式的谈论于销售无益。正确的做法是在客户面前多谈少评，客观公正。

（4）说话时，最重要的时刻是最初的十秒钟

因为在这十秒钟内，就能决定一切了。精神散漫者及显示无兴趣者，他们情绪开始浮动也是在此刻；而想要让对方集中精神，引起他们的兴趣，也是此刻。

在最初的十秒钟要引起对方的兴趣，抓住对方的心，他们便能专心听你以后的介绍了。

5.数字具有强大的说服力

拿破仑有一次检阅军队，按照惯例，指挥官跑到拿破仑跟前，以非常清晰的口齿报告：“报告将军。本部已全部集合完毕。本部官兵应到三千四百四十四人，实到三千四百三十八人。请你检阅。”

拿破仑非常满意地点点头，说：“很好。”然后又回头对他的参谋说：“记住这个指挥官的名字，数字记得这么准确的人应该受到重用。你们以后也得向他学习，给我汇报时尽量用精确的数字说话。不要用大概、可能、也许、差不多这样的话。”这位博得拿破仑好感的指挥官，干脆利落地说出了部队官兵应到和实到的人数，显得非常专业和细致。用数字说话，既显得专业，又能给人以最基本的信任感。

李锋：“您好，请问，王经理在吗？”

王经理：“我就是，您是哪位？”

李锋：“我是北京瑞凯打印机客户服务部李锋，我这里有您的资料记录，你们公司去年购买了一台北京瑞凯打印机，对吗？”

李锋：“哦，是，对呀！”

李锋：“保修期已经过了7个月，不知道现在打印机的使用情况如何？”

王经理：“好像你们来维修过一次，后来就没有问题了。”

李锋：“太好了。我给您打电话的目的是，这个型号的机器已经不再生产了，以后的配件也比较昂贵，提醒您在使用时要尽量按照操作规程，您在使用时阅读过使用手册吗？”

王经理：“没有呀，不会这样复杂吧？还要阅读使用手册？”

李锋：“其实，还是有必要的，当然不阅读也是可以的，但使用寿命就会降低。”

王经理：“我们也没有指望用一辈子，不过，最近业务还是比较多，如果坏了怎么办呢？”

李锋：“没有关系，我们还是会上门维修的，虽然收取一定的费用，但比购买一台全新的还是便宜的。”

王经理：“对了，现在再买一台全新的打印机什么价格？”

李锋：“要看您想要什么型号的，您现在使用的是北京瑞凯3800，后续的升级产品是5800，不过完全要看一个月大约打印多少张正常的A4纸。”

王经理：“最近的量开始大起来了，有的时候超过10000张了。”

李锋：“要是这样，我还真要建议您考虑5800了，5800的建议使用量是一个月A4正常纸张15000张，而3800的建议月纸张是10000张，如果超过了会严重影响打印机的寿命。”

王经理：“你能否给我留一个电话号码，年底我可能考虑再买一台，也许就是后续产品。”

李锋：“我的电话号码是85201234转123。我查看一下，对了，您是老客户，年底还有一些特殊的照顾，不知道您何时可以确定要购买，也许我可以将一些好的优惠策略给你保留一下。”

王经理：“什么照顾？”

李锋：“5800型号的，渠道销售价格是10100，如果作为3800的使用者，购买的话，可以按照8折来处理，或者赠送一些您需要的外设，主要看您的具体需要。这样吧，您考虑一下，然后再联系我。”

王经理：“等一下，这样我要计算一下，我在另外一个地方的办公室添加一台打印机会方便营销部的人，这样吧，基本上就确定了，是你送货还是我们来取？”

李锋：“都可以，如果您不方便，还是我们送过去吧，以前也去过，很容易找到的。您看送到哪里，什么时间合适？”

……后面的对话就是具体地落实交货的地点、时间等事宜了，这个销售人员只是打了一个电话，用了大约30分钟，就完成了一台打印机的销售。在这段对话中，销售员在介绍打印机时，没有离开过数字，以非常专业的角度为客户介绍新的打印机，并提示公司的优惠策略，成功是非常自然的事。

美国口才大王卡内基的一次经历，也可以作为典范。他是这样请求一家旅馆经理打消增加租金的念头的：卡内基每季度平均要花费1000美元，在纽约的某家大旅馆租用大礼堂20个晚上，用以讲授社交训练课程。

有一季度，卡内基刚开始授课时，忽然接到通知，要他付比原来多3倍的租金。而这个消息到来以前，入场券已经印好，而且早已发出去了，其他准备开课的事宜也都已办妥。怎样才能交涉成功呢？经过仔细考虑，两天以后，卡内基去找经理。

卡内基对经理说："我接到你们的通知时，有点震惊。不过这不怪你。假如我处在你的地位，或许也会写出同样的通知。你是这家旅馆的经理，你的责任是让旅馆尽可能地多盈利。你不这么做的话，你的经理职位就难保住，也不应该保得住。假如你坚持要增加租金，那么让我们来核算一下，这样对你有利还是不利。"

"先讲有利的一面。"卡内基说，"大礼堂不出租给讲课的而是出租给办舞会、晚会的，那你可以获大利了。因为举行这类活动的时间不长，每天一次，每次可以付200美元，20晚就是4000美元，哦！租给我，显然你吃大亏了。"

"现在，来考虑一下'不利'的一面。首先，你增加我的租金，也是降低了收入。因为实际上等于你把我撵跑了。由于我付不起你所要的租金，我势必再找别的地方举办训练班。"

"还有一件对你不利的事实。这个训练班将吸引成千的有文化、受过教育的中上层管理人员到你的旅馆来听课，对你来说，这难道不是起了不花钱的广告作用了吗？事实上，假如你花5000美元在报纸上登广告，你也不可能邀请到这么多人亲自到你的旅馆来参观，可我的训练班给你邀请来了。这难道不合算吗？请仔细考虑后再答复我。”讲完后，卡内基就告辞了。当然，最后经理让步了。卡内基之所以获得了成功，是因为他站在经理的角度上想问题，把增加租金与保持租金的好处用数字一个个清楚地表达了出来。

第九章　促成交易的高情商沟通秘诀

1.在成交的时候，多说保证性的话

在与客户的沟通与说服中，一定要在遣词造句上花些功夫。有一些“魔法词汇”是客户非常愿意从你那里听到的，你务必要充分理解这些关键词汇的重要性。

（1）“您好，我可以帮您做些什么吗？”

这种开放式的提问，可以获得客户好感，也能引起客户谈话的兴趣。因为你是在提供“帮助”，而不是“兜售”商品。人们都希望被帮助、被服务，以这样的提问开头，你就可以以一种积极的语调开始谈话。

（2）“您的问题，我们完全可以解决。”

客户与你沟通的真正目的，是要“买到”解决问题的方法。他们喜欢你用他们能理解的语言直接回答他们的问题。

（3）“虽然我现在给不了您要的答案，但我一定会尽快解决。”

如果客户提出的问题比较刁钻，你一时难以解决的话，就应该坦白地告诉他你不知道答案。在对所有的事实没有把握的情况下，贸然地回答客户的提问只会让你的信誉损失得更快。为了测试对方是否讲诚信，精明的买家有时会故意提出一个你无法解决的问题。在这种情况下，最好给客户一个诚实的回答以提高你的信誉。

（4）“我们一定会满足您的要求。”

告诉你的客户，令客户满意是你的责任。要让客户知道，你们知晓他需要什么样的产品或服务，并会按照双方都同意的价格提供这种产品或服务。

（5）“我们将随时为您提供最新信息。”

客户最信赖的销售员就是那种能为他们及时提供最新消息的人，不管是好消息还是坏消息。因此，你要让客户知道，你将随时为他提供有关订货方面的最新信息。订货至交货的时间越长，这种信息的更新越重要。

（6）“我们保证按期交货。”

按约定的日期交货是你必须履行的诺言，即使“差不多”也不行。“星期一就是星期一。”五月的第一周就是五月的第一周，即使期间包含有国家法定假期。客户想听到的是：“我们会按时交货。”能始终如一做到这一点的人很少，如果你做到了，客户就会记住你。

（7）“非常感谢您能接受我们的服务。”

说这句话的效果比简单地说句“谢谢你的订货”要好得多。你还可以通过交易完成后的电话联系，热情地回答客户的问题，来表明你对客户的谢意。

所以说，销售员在与客户沟通时，如果能频繁地使用让客户高兴的词语，这就向客户传达了这样一条信息，你是在真正地关心客户！以此表明你对他们的诚意，会使客户再次购买你的商品或服务，除此之外，客户还会把你和你的公司热心地推荐给其他人。

2.围绕客户利益点去促成

现代营销学认为：销售就是服务，创造客户价值。但很多销售员关注自己太多，自己的品牌如何如何、服务如何如何，而对客户的需求偏好、期望值、价值观等却关注太少。

以销售牛奶为例，常常出现这种场景：

销售员：“您好，我们又推出了一款新牛奶，有……特点，您看您需要不？”

客户：“不需要。”

销售员：“但是我们的牛奶确实很棒……”

客户：“这跟我有什么关系呢？我从来不喝牛奶，可我活得很好！”

……

在这里，销售员根本没有考虑订户的需求，完全是无的放矢。所以，客户几句话就把他打发了，这是很失败的说服。

如果使用下面的方法，就容易被客户接受：

销售员观察了客户一段时间，发现客户缺钙，找准合适的地点，比如上楼时，对客户说：“您当心点让他，看您很累，我来搀您上去。”

客户：“谢谢你了。老了，腿脚不好了。”

销售员：“怎么能这么说呢，您还要再享几十年福呢，上点年纪的人钙流失得快，要注意补钙，这样腿脚才利索。”

客户：“可不是吗？不过吃钙片补充效果不是很好。”

销售员：“喝奶效果不错，因为人绝大多数营养都是从饮食中获得的。阿姨，您看这样，我们刚好有低脂高钙的鲜奶，您喝喝试试。”

客户：“听起来确实很好，那我就试试看。”

后面这位销售员之所以能成功说服客户，就在于他发现了“客户缺钙”这个要害，从而以此为切入点，找到了客户的潜在需求。

所以说，要想说服获得成功，就要找到客户的需求点，找到客户的弱点与软肋进行重点突破，并及时满足客户。把销售的理由变成客户需要购买的理由，由销售员“我要卖”转变为客户“我要买”。以客户为中心，以需求为导向，找到客户的软肋——这，才是说服客户的关键所在。

再看下面这个小故事：

一对老夫妇来看一所房子，当销售员把客户领到房间后，客户看到房间里的地板已经很破旧并变得凹凸不平，但当他们走到阳台上看到院子里有一棵茂盛的樱桃树，两位老人立刻变得很愉快。

老妇人对销售员说：“你这房子太破旧了，你看地板都坏了。”

销售员看到了他们对樱桃树的喜爱，就对客户说：“这些我们都可以给你们换成新的，最重要的是院里的这棵樱桃树，一定会使你们的生活更加安详舒适。”说着销售员把老人的目光引到屋外的樱桃树，老人一看到樱桃树马上变得高兴起来。

当他们走到厨房时，两位老人看到厨房的设备很多已经生锈。还没等客户抱怨，销售员就对他们说，“这也没有关系，我们会全部换成新的，同时，最重要的是院里的这棵樱桃树，会让你们喜欢这里。”当销售员提到樱桃树时，客户的眼睛立刻闪出愉悦的光芒。

“樱桃树”就是客户买下这所房子的“关键点”。在这个小故事中，销售员通过观察客户的表情变化，敏锐地发觉在客户的潜意识中对樱桃树的喜爱。他能够迅速抓住这一点，因势利导，对客户进行种种暗示，给客户一个购买的理由，从而及时发现、唤起甚至创造客户内心对于产品和服务的需要，恰到好处地对其进行说服，结果取得了成功。

3.不要忽略客户给你的成交信号

在销售过程当中，成交时机总是若隐若现，难以把握。一流的销售员非常清楚，客户购买的时机只有那么一瞬间。其实这种仅此一刻的情形，大约20次销售中才出现一次，另外的19次都会出现许多隐蔽的成交契机，所以，成功的关键就是要好好把握这些机会。

心理学上有一个名词叫“心理上的适当瞬间”，在销售工作中也有特定的含义，是指客户与销售员在思想上完全达到一致的时机，即在某些瞬间买卖双方的思想是协调一致的，此时是成交的最好时机。若销售员不能在这一特定的瞬间成交，成交的希望就会落空，再次成交的希望就变得渺茫。

在销售中，对“心理上的适当瞬间”的把握是至关重要的。把握不适当，过早或过晚都会影响交易。“心理上的适当瞬间”到来，必定伴随着许多有特征的变化与信号，善于警觉与感知他人态度变化的销售员，应该能及时根据这些变化与信号，来判断“火候”与“时机”。一般情况下，客户的购买兴趣是“逐渐高涨”的，且在购买时机成熟时，客户心理活动趋向明朗化，并通过各种方式表露出来，也就是向销售者发出各种成交的信号。

成交信号是客户通过语言、行动、情感表露出来的购买意图信息。有些是有意表示的，有些则是无意流露的，后者更需要销售员细心观察。客户成交信号可分为语言信号、表情信号和行动信号三种。

（1）语言信号

当客户有购买打算时，从其语言中可以得到判定。例如，当客户说：“你们有现货吗？”这就是一种有意表现出来的真正感兴趣的迹象，这表明成交的时机已到；客户询问价格时，说明他兴趣极浓；商讨价格时，更说明他实际上已经要购买。

语言信号的种类很多，有表示欣赏的，有表示询问的，也有表示反对意见的。应当注意的是，反对意见比较复杂，反对意见中，有些是成交的信号；有些则不是，必须具体情况具体分析，既不能都看成是成交信号，也不能无动于衷。只要销售员有意捕捉和诱发这些语言信号，就可以顺利促成交易。

（2）表情信号

从客户的面部表情可以辨别其购买意向。眼睛注视、嘴角微翘或点头赞许都与客户心理感受有关，均可以视为成交信号，客户的一举一动，都在表明客户的想法。从明显的行为上，也完全可以判断出是急于购买，还是抵制购买。及时发现、理解、利用客户表露出来的成交信号，并不十分困难，其中大部分也能靠常识解决，具体做法一要靠细心观察与体验，二要靠销售员的积极诱导。当成交信号发出时及时捕捉，并迅速提出成交。

销售保险的小杨说，他总是利用“以便……”句型来追踪成交契机。他的方法很简单。对客户说话时，每段话都接“以便……”随后详细说明有利于客户的所有专项。

“乔治先生，我们会在市场比较冷清的30天内开个会，以便作好充分准备，等管制一取消，可以立刻与分析师讨论。”

“李女士，我们希望现在就安排这件事，以便分公司能够将业务转交给您。”

运用这个简单有效的“以便……”句型，不单能引导追踪成交契机，还可以不断提醒客户立即行动最为有利。所以，销售员要从现在就可以开始用“以便……”句型，以便提高销售业绩，同时提升自己在公司的地位。

（3）行为信号

行为信号是那些客户在形体语言上提供的线索。这些信号会告诉销售员，他们在心里已经作了准备购买的决定。购买信号是突然的，销售员一定要细致观察客户，当客户出现购买信号，表示出购买的意愿时，销售员就要停止再谈论产品，准备下一个步骤。

4.促成交易的几种问话模式

销售成交是指客户接受销售员所销售的商品或销售建议，表明成交意向并采取实际购买行动的过程。在实际的销售过程中，有以下几种成交技巧方法。

（1）假定成交

假定成交法是指假定客户已经接受了销售建议而展开实质性问话的一种成交方法。这种方法的实质是人为提高成交谈判的起点。此技巧使用得当，可起到事半功倍的效果。

甲公司销售代表与乙公司代表进行销售谈判，双方开局谈得较融洽，甲公司销售代表可以适时地提出："您看什么时候把货给您送去？"若此时乙公司代表对这句话的表情没有不愿之感，可以进一步试探性地问："您想要大包装，还是小包装？"或者直接说："这是订货单，请您在××地方签个字。"

（2）异议探讨

异议探讨法，是指在提出成交请求后对还在犹豫不决的客户采取的一种异议排除法。一般情况下，处理成交阶段的异议不能再用销售异议的处理办法与提示语言，这时，通过异议探讨，有针对性地解除客户疑问便有了用武之地，解除疑问法的提问模式多为诱导型的。

甲乙双方已商谈成功，就在快签约时，乙方却犹豫不决，甲方在此时不能放弃成交的良机，可以揣测乙方心理，对乙方的不确定予以答复。如：“您不能做出决定是因为××吧？”一旦了解了乙方的疑虑所在，就可以进行有针对性的解答了。这种成交技巧一般来说较为奏效，解除疑问法适用于成交阶段的以下客户：

※价格异议，如“如果再便宜点儿就好了”。

※时间异议，如“我还要再考虑考虑”。

※服务异议，如“万一运行中出了毛病可就惨了”。

※权力异议，如“我自己做不了主，还得请示一下”。

解除疑问法要与其他方法配合使用，即利用该法探寻与排除异议，然后利用其他方法促成交易。使用解除疑问法应正确分析客户异议，有目的地进行提问，有针对性地进行解答。

（3）避重就轻成交

避重就轻成交法是指根据客户的心理活动规律，首先在次要问题上达成一致意见，进而促成交易的成交法。

日本丰田汽车公司想占领美国市场，与美国某汽产公司进行联营，二者在谈判中，日本一方就是采用了避重就轻成交法，在次要问题上做文章，一旦达成一致意见，再主攻重点的价格问题。

避重就轻成交法在以下几种情况下非常适用：

※交易量比较大或大规模的交易；

※客户不愿意直接涉及的购买决策；

※次要问题在整个购买决定中占有很重要作用的时候；

※其他无法直接促成的交易。

使用此方法可以有效地分担成交风险，即使客户对某一细节问题提出否定看法，也不会影响整体的成交。

（4）直接发问

直接发问法是指在适当时机直接向客户提出成交的成交法，是一种最简单、最基本的技巧。采取直接发问法可以有效地促使客户作出购买反应，达成交易；可以节省销售的时间，提高销售效率；可以充分利用各种成交机会，有效地促成交易；可以直接发挥灵活机动的作用，消除客户的心理疑虑。正是其特有的优越性，使其成为用途广泛的成交方法。使用这种成交技巧，需要在不同的场合针对不同的客户，一般情况下，以下几种情况可采用此技巧：

※比较熟悉的老客户；

※ 客户通过语言或身体发出了成交信号；

※ 客户在听完销售建议后未发表异议，且无发表异议的意向；

※ 客户对销售品产生好感，已有购买意向，但不愿提议

成交；

※ 销售员处理客户重大异议后。

直接发问法的使用也有一定的局限性：一方面，因语言过于直接外露，容易引起部分客户的反感，导致客户拒绝交易；另一方面，由于其使用条件是以销售员的主观判断为标准的，一旦把握失控，就会使客户认为在给他施加压力，导致客户无意识地抵制交易。

5.帮助客户做决定的征询话术

在现实中，我们发现有很多胆怯的业务员在接近客户、说服客户的流程中都做得很好，可就是成交不了。是什么原因呢？因为他不敢催促客户，或者说不懂得帮客户下定决心的技巧。

与客户沟通的最后阶段，也是帮助客户下决心的时候。但往往这个时候，很多人是不敢催促客户成交的。其实只要你判断进入了这个阶段，马上就要用催促性的提问，促使与他的成交，要不然他还会把钱多捂几天，这几天什么变化都可能出现。

那么，当客户只差一点决心就要购买了，业务员如何给予他这最后的决心呢？是单刀直入，直接催促他掏钱吗？当然不是，你还需要一些委婉的方法。

下面是一些常见的行之有效的方法：

（1）征询意见法

有些时候我们并不能肯定是否该向客户征求订单了，我们也许不敢肯定是否正确地观察到了客户的购买信号。在这些情况下，最好能够使用征求意见法，你可以这样问：

“陈先生，买了这本书，对你的工作是很有帮助的，不是吗？”

“在你看来，这些书会对你的公司有好处吗？”

“如果买了这些书，一定对你孩子的学习有很大帮助的。”

这种方式能让你去探测“水的深浅”，并且在一个没有什么压力的环境下，征求客户订单。当然，如果你能得到一个肯定的答复，那你就可填写订单了。你也不必重新啰嗦怎样成交了。像其他任何领域内的销售一样，你说得越多，越可能增加失去订单的风险。

（2）从较小的问题着手法

从较小的问题着手来结束谈判，就是请你的客户作出一个较小的决定，而不是一下子就要作出什么重要的决定，比如让他们回答“你准备订货吗？”之类的问题。一般来说，这些试探或许会有助于销售。你所提的问题应该是：“您看哪一种比较好？”“您看是你们带走，还是我们给您送到府上？”“我帮您拿到柜台好吗？”“如果您买了的话……”“让我们把货送到您家？并且……”

（3）选择法

用以下的提问方法给你的客户以选择的余地——无论哪一个都表明他同意购买你的产品或服务。你可以让他进行一步小的选择：“要这一种还要那一种？”“您决定要哪一种产品？”“是付现金还是赊购？”

（4）敦促法

你可以暗示商品非常畅销，如果客户不及时行动，将失之交臂。

“朱先生，这种产品销售得很好，如果您现在不能马上决定的话，我就不能保证在您需要的时候一定有货。”

同时把订货单递过去。如他对商品确有兴趣，销售也就成功了。

（5）悬念法

如果条件许可，又确实是这样，那么可表明现在买的好处：

“这个月要涨价。”

“这种型号的只有一件了。”

“唐先生，价格随时都会上涨，如果您现在行动的话，我将保证这批订货仍按目前的价格收费。”

但要注意，说得不妥当很容易失去顾客。

总之，当你已经将客户成功说服，让客户与你达成了一致，认为你所提供的产品能够满足他们的需求之后，你就要善于发现他们发出的购买信号，并不失时机地采用各种办法拍板成交，结束销售。

在于客户沟通的最后阶段，一定要用催促性的提问来完成临门一脚，帮助客户下定决心。这是铁定的规律，否则的话，你的流程要从头来一遍。

6.有效地巩固销售成果

在客户决定购买，并达成成交协议后，作为销售人员，此时千万不要有大功已经告成的心态，一定不要太大意，而应该对成交结果进行确认，只有在双方确认的情况下才意味着交易的真正成功。这时就要注意，不要让客户感到销售员一旦达到了目的，就突然对客户失去了兴趣，转头忙其他的事去了。如果这样，客户就会有失落感，那么他很可能会取消刚才的购买决定。

对于有经验的客户来说，他会对一件产品产生兴趣，但他们往往不是当时就买。当客户的情绪低落下来或当他重新冷静时，他往往会产生后悔之意。

所以，销售员一定要巩固销售成果，避免客户反悔。这就需要让对方确认成交结果。销售员可采用如下的做法：

（1）表示祝贺和赞扬

客户尽管已经同意购买，但在很多情况下，他还是有点儿不放心，有些不安，甚至会有一点儿神经紧张。这是一个非常关键的时刻，沉着应对客户对销售员来说非常重要。客户在等待，看接下来会发生什么情况，他在观察销售员，看自己的决策是否正确，看销售员是否会“卷起钱就走”。现在，客户比以往任何时候都需要友好、真诚的抚慰，帮他度过这段难熬的时间。

所以，在成交之后，销售员应立即与客户握手，向他表示祝贺。记住，行动胜过言辞，握手是客户确认成交的表示。一旦客户握住了你伸出来的手，他要想再改变主意就不体面了。从心理上说，当客户握住你的手，那就表示他不愿意反悔。

销售员在与客户握手的同时，要向他表示祝贺，对他的明智之举表示称赞。例如：“王先生，祝贺您……您做出了明智的决策，不仅您所有的亲友会羡慕您，而且您的房子的价值也会大大增加。”

“祝贺您，林先生……您得到了一件质量上乘的产品，您会享受到它的好处的。”

（2）填表进行确认

销售员应该是合同专家，应该能够在几秒钟内完成一份合同，甚至闭上眼睛也能完成这项工作。

但是，说到填表，很多销售员是不称职的，由于误填、不准确和填不好，致使很多交易都没做成。这些销售员熟知合同，却又对它很陌生，常常不知道怎样正确填写合同而使到手的订单丢掉了。

有些销售员在填写合同的时候，常默不作声，把精力集中在合同上。这种沉默通常会引起客户的焦虑不安，接着，所有的疑虑和恐惧又会重新涌上心头。当这种情况出现时，销售员很可能还要再搭上许多时间去挽回这笔订单，但在多数情况下这笔订单是没有希望了。

销售员尽管已经知道了他需要填写的内容，但在填写时，仍要向客户证实这些内容。应该边写边与客户进行轻松的对话，目的是让这一程序平稳过渡，让客户对他的决定感到满意。销售员的填表动作要自然流畅，与客户的对话内容要与产品毫无关系。可以谈及客户的工作、家庭或小孩儿，以把客户的思绪从购物中解脱出来，同时可以表明自己并不只是对客户的钱袋感兴趣。

（3）感谢客户

这个细节是优秀销售员区别于其他人的细小差别之一。

说声“谢谢”不需要花费什么，但却含义深刻，给客户留下深刻印象。大多数销售员不知道在道别后如何感谢客户，这就是为什么他们常常收到客户的退货和得不到更多客户的原因。当销售员向客户表示真诚感谢时，他会对你非常热情，会想方设法给你以回报，会对你表示感谢。

请看下面的例子："季先生，我要对您说声谢谢，并且想告诉您，我对您的举动十分感谢。如果您还需要我做什么，您可以随时给我打电话。"当客户听到这些话时，他就知道他做出了正确的选择，他会对你的友情表示感激。在这种情况下，他怎么会改变主意让你失望呢？

（4）送一份小礼物

当完成一笔大生意时，你可以送一份礼物给客户以表达你的谢意。关键在它表达的意思，而不在于钱的多少。这份礼物可以是一盒巧克力、一束花或一顿饭。这种感谢也可以是一种承诺。通常这份谢礼应该根据交易金额决定，比方说，你卖了一辆车给一位作家，可以送他一支300元的名牌金笔。然而，如果交易对象是政府机构时，送礼就要特别小心谨慎，不要触犯法律。

接受礼物就表示他对你有了义务，特别是当客户产生反悔之意时，礼物的作用就表现出来了。记住，你在这上面花出去的每一分钱会体现出它的价值的！

第十章　售后服务中的高情商沟通秘诀

1.成交只是下一单业务的开始

不要忽略客户意见，很多销售员在成交一个订单后，对客户提出的意见或者抱怨置之不理，其实，这无形消耗了你的个人品牌，每一位成交的客户，都应该是你下一个订单最好的推荐人。

很多销售员对客户的抱怨不以为然，认为只要能说服客户从钱包里掏钱就可以了，至于他们那些意见没必要太理会，其实这是大错特错的。

从某种意义上来说，客户是销售员的衣食父母，应该尊重客户，认真对待客户提出的各种意见及抱怨，并真正重视起来，才能得到有效改进。

客户意见是你不断进步的动力，通过倾听，我们可以得到有效的信息，并可据此进行创新，促进业务更好地发展。同时，你还可以正确识别客户的要求，然后传达给产品设计者，以最快的速度生产出最符合客户要求的产品，满足客户的需求。在一次进货时，某家具厂的一个客户向销售员抱怨，由于沙发的体积相对大，而仓库的门小，搬出搬进很不方便，还往往会在沙发上留下划痕，客户有意见，不好销。要是沙发可以拆卸，也就不存在这种问题了。两个月后，可以拆卸的沙发运到了客户的仓库里。不仅节省了库存空间，而且给客户带来了方便。而这个创意，正是从客户的抱怨中得到的。

实际上，能够直截了当地向你抱怨的客户并不多。大部分不满意的客户只会静静地离开，然后会告诉每个他们认识的人不要跟你做生意！所以，当有客户抱怨时，千万不要觉得麻烦，要把处理客户投诉看作改变客户意见、留住生意的绝佳机会。以下是几种处理客户投诉和抱怨的方法，会使不利因素变为积极因素：

（1）让客户宣泄他们的情感，鼓励他们讲出他们的不满。

（2）永远不要与客户发生争吵。

（3）永远不要对客户使用“你说的不是问题”等这类挑战性的语言。

（4）尽可能礼貌地与客户交换意见。

（5）为所出现的问题负责任。不要找借口。即使是因为你的员工生病或是由于供应商的差错出现问题，那也与客户无关。

（6）立即采取补救措施。要保证向客户提供解决问题的方案，拖延只会使情况变得更糟。

（7）给一线员工足够的权力使他们能够灵活地解决投诉。给员工足够的空间使他们能够在关键的时刻对规则做一些变通。如果你不愿意这么做的话，那你就要保证你或者其他有权处理客户投诉的管理人员随时在场。切记，当客户向你抱怨时，你要认真坐下来倾听，扮好听众的角色，有必要的话，甚至拿出笔记本将其要求记录下来，要让客户觉得自己得到了重视，自己的意见得到了重视。当然，仅仅是听还不够，还应及时调查客户的反映是否属实，迅速将解决方法及结果反馈给客户，并提请其监督。

2.处理客户意见的准确标准

如何处理客户的投诉与抱怨，是售后工作中一项非常重要的组成部分。

客户提出抱怨或投诉，表示客户对销售中的工作不满意，售后服务工作中最棘手的就是处理此类事情。但是，处理好客户的投拆与抱怨就会收到良好的效果。客户有投诉与抱怨是表明他们对这笔生意仍有期待，希望能改进服务水平，他们的投诉与抱怨实际上是企业改进销售工作、提高客户满意度的机会。

如果提出投诉与抱怨的顾客的问题获得圆满的解决，其忠诚度会比从来没有遇到问题的客户高很多，客户的投诉与抱怨并不可怕，可怕的是不能有效地化解抱怨，最终导致客户的流失。

处理问题的过程最关键，处理客户投诉与抱怨是一项复杂的系统工程，尤其需要经验和技巧的支持，妥善处理好此类事情，绝不是一件易事，如何才能处理好客户的投诉与抱怨呢？

（1）耐心多一点

在实际处理中，要耐心地倾听客户的抱怨，不要轻易打断客户的叙述，也不要批评客户的不足，而是鼓励客户倾诉，让他们尽情宣泄心中的不满。当你耐心地听完了客户的倾诉与抱怨后，当他们得到了发泄的满足之后，就能够比较自然地听得进你的解释和道歉了。

（2）态度好一点

客户有抱怨或投诉就是表示客户对产品及服务不满意，从心理上来说，他们会觉得是你的公司亏待了他。因此，如果你在处理过程中态度不友好，会让他们心理上的感受及情绪很差，会恶化与客户之间的关系。反之，若服务人员态度诚恳，礼貌热情，会降低客户的抵触情绪。

（3）动作快一点

处理投诉和抱怨的动作快，一来可以让客户感受到被尊重，二来表示解决问题的诚意，三可以及时防止客户的“负面污染”对业务发展造成更大的伤害，四可以将损失减至最低。一般接到客户投诉或抱怨的信息，应即刻向客户打电话或通过传真等方式了解具体内容，然后在内部协商好处理方案，最好当天给客户答复。

（4）语言得体一点

客户对产品和服务不满，在发泄不满的言语陈述中有可能会言语过激，如果服务中与之针锋相对，势必恶化彼此关系。在解释问题的过程中，措辞要十分注意，要合情合理，得体大方，不要说伤人自尊的语言，尽量用婉转的语言与客户沟通。即使是客户存在不合理的地方，也不要过于冲动。否则，只会使客户失望并很快离去。

（5）补偿多一点

客户抱怨或投诉，很大程度是因为他们采用该产品后利益受损。因此，客户抱怨或投诉之后，往往会希望得到补偿，这种补偿有可能是物质上（如更换产品、退货或赠送礼品的等），也可能是精神上的（如道歉等）。在补偿时，如果客户得到额外的收获，他们会理解你的诚意而再建信任的。

（6）层次高一点

客户提出投诉和抱怨之后都希望自己的问题受到重视，往往处理这些问题的人员的层次会影响客户期待解决问题的情绪。如果高层次的领导能够亲自到客户那儿处理或亲自打电话慰问，会化解客户的许多怨气和不满，比较容易配合服务人员进行问题处理。因此处理投诉和抱怨时，如果条件许可，应尽可能提高处理问题的服务人员的级别。

（7）办法多一点

很多企业在售后服务中，处理客户投诉和抱怨的结果就是给客户慰问、道歉或补偿产品、赠小礼品等，其实解决问题的办法有许多种。除以上所述的手段外，可邀请客户参观成功经营的产品或无此问题出现的客户使用产品的情况，或邀请他们参加内部讨论会，或者给他们奖励等。

3.处理客户抱怨时的基本技巧

在处理客户投诉的过程中，销售员绝不能推卸责任地说："这事不归我管责""这不关我的事"，更不能去教训对方，与其争辩。在客户抱怨发生的初期，销售人员若能巧妙地运用语言艺术加以缓和，把抱怨平息在萌芽状态，往往能起到事半功倍的效果。

（1）诚恳使用"非常抱歉"来稳定客户的情绪

一般在抱怨发生初期，客户常常都会感到义愤填膺、情绪非常激动，以至于措词激烈，甚至伴有恶言恶语。在这种情况下，销售人员先要冷静地聆听客户的全部委屈，全盘了解让他们产生不满的原因，然后再诚恳地向客户表示歉意，用"非常抱歉”“真是对不起”等话语来平息顾客的情绪。待客户情绪较稳定时，再商谈投诉之事，问题就容易解决了。

（2）妥善使用“请到贵宾室坐下来谈好吗？”

许多怒气冲冲的客户会当场在销售场所高声抱怨。在这些客户当中，有些人原来讲话的嗓门就大，加之情绪激动，嗓门就更大了；有些人是想借高声来压制对方，表明自己有理；也有个别的客户纯属于胡搅蛮缠者。对于这些怨气冲天的客户，销售方即使增派调解人也无法使他安静下来。

特别是当抱怨的客户在一些店面型的销售场所大声吵闹时，会直接破坏销售的气氛，影响到其他客户的购物情绪，而有的客户也会只顾看热闹而没了购买兴趣，有的客户则也遇到同样的烦恼，往往会一走了之。而且，有的客户在情绪激动时，会说出许多不利于商家形象的话，诸如：“你们公司怎么尽卖些假冒伪劣品”“你们这家店怎么这么不讲信誉”等，甚至该客户还对其他客户说：“千万别买这儿的东西，都是骗人的！”诸如此类，这样对商家的影响将会极其恶劣。

在这种情况下，销售员应该试着邀请客户到另外一种场合进行交谈，具体方法有：

①可对客户说：“您看，站着讲话多不方便，请到贵宾室坐下来谈，好吗？”或者说：“这里太热，我们先到办公室喝点儿茶，再慢慢谈好吗？”

②引导客户到招待室（办公室）坐下，最好先泡一杯茶或倒一杯果汁招待客户，让客户缓和一下他的情绪。“您先喝口茶，慢慢谈。”

③当客户到招待室后，情绪还不能平静时，调解人（或当事销售代表）可以对客户说：“我们现在正在调查事件的原因，请您先休息一下。”或者说：“负责人马上就过来，请您稍候。”然后关起门来让客户一个人留在里面，以平息他过于激动的心态。对于那些大声吵闹的客户来说，突然远离争吵现场，独自一人留在空旷的招待室里，精神会一下子松弛下来，加之销售方为他提供舒适的场所和茶水以缓解情绪，他会很快地冷静下来。如果他是自我反省力很强的客户，甚至还会为刚才的激动而暗暗后悔。

这虽然是一种解决问题的好方法，但一定要注意让客户独自等待的时间要适当：太短的话，客户的情绪未完全缓和下来，容易再度发怒；如果时间太长的话，客户又会认为没人理他，可能火气更大。所以，一般让顾客等待2～3分钟为宜。

（3）不忘使用“这是我的错”的道歉语

如果客户是由于使用不当而造成商品损害，从而进行投诉的话，这在一定程度上应归咎于销售员在销售时未介绍清楚。因此，在处理这类抱怨时，销售员应诚恳地向客户道歉，坦率承认是由于自己交待不周而给对方带来损失与麻烦。

（4）礼貌使用“给您添麻烦了……”“为了表示歉意……”

客户花了钱，买回去的商品却发现有质量问题；或者发现不适合，以颜色不好等借口退还，应尽量满足客户的希望和需要。在办理退换货的手续时，说：“真对不起，还让您多跑一趟。”“给您添麻烦了，为了表示歉意，这瓶香水我给您用包装纸包装一下。”

在向客户解释或说明时，应把握好以下两点：

①说话语气要婉转，不能让客户感到难堪。

②不能老强调自己的清白无辜。

一般人不喜欢承认自己误会了别人，因此，销售员在解释的时候，一定会受到客户表面上的抵抗。他们很可能会用“我不可能冤枉你”或“我决不会那么糊涂，连这么简单的事情都搞不懂”等话语来为自己辩解，掩饰自己的过错。在这种情况下，销售员不要反复强调自己是正确的，而应诚恳地告知客户，你并不是要使他难堪，只是想消除他的疑问和不满，这样，对方就比较容易接受你的说明了。

4.不要说那些让客户火冒三丈的话

那些产生抱怨的客户犹如一堆干柴，任何一点火花都会燃起满腔怒火。如果在沟通过程中，负责调解的销售员说话不慎、用语不当，就容易使客户更加火冒三丈，使矛盾更加激化。因此，在沟通中最好避免使用以下话语：

（1）这种问题连三岁小孩都会

当客户不了解商品特性或使用方法而向销售员询问时，销售员最容易说这句话，这句话极容易引起顾客反感，认为销售员是在拐弯抹角地嘲笑他。

（2）一分钱，一分货

当销售员说这句话时，通常会让客户感到销售员是在小瞧他，认为他买不起高档品，只配用廉价品，因此，会伤害客户的自尊心。

（3）不可能，绝不可能发生这种事儿

一般商家对自己的商品或服务都是充满信心的，因此，在客户提出抱怨时，销售员常常用这句话来回答。

其实，当销售员说这句话时，客户已经受到严重的心理伤害了，因为这句话表示店方并不相信对方的陈述，怀疑他们是在撒谎，因此，必然引起顾客的极大反感。

（4）这种问题与我们无关，请去找生产厂家，我们只负责卖货

尽管商品是由厂家生产的，但是由于商品是在销售员手里销售出去的，所以就应当对产品本身的品质、特性有所了解。因此，以这句话来搪塞、敷衍顾客，表明销售员不负责任，不讲

信誉。

（5）嗯……这个问题我不太清楚

当客户提出问题时，销售员的问答若是“不知道”“不清楚’，那么就会给客户留下一种不负责任的印象，从而会更加激化双方的矛盾。所以，作为一个尽职尽责的销售员，一定要尽一切努力来解答客户的提问，即使真的不知道，也一定会请教专门的人来解答。

（6）我决没有说过那种话

在商场上没有“绝对”这个词存在，不管销售员说与没说，都不应使用这个富有挑战意味的字眼，以免激起客户的逆反心理。

（7）我不会

“不会”“没办法”“不行”这些否定的话语，表示的是无法满足客户的希望与要求，因此，应尽量避免使用。

（8）这是本公司的规矩

“对不起，这是本公司的规矩”，以这种话来应付客户抱怨的销售员为数不少。

其实，公司的规矩通常是为了提高销售员的工作效率而制定的，制定相应的规矩与制度的目的是更好地为客户服务，而决不是为了监督客户的行为和限制客户的自由。因此，即使客户不知情而违反了所谓的规矩，销售员也不可以此作挡箭牌来责怪客户。

（9）总是会有办法的

这一句态度暧昧的话通常会惹出更大的麻烦。因为对于急着想要解决问题的客户来说，这种不负责任的说法只会让他们感到更加失望。

（10）改天我再和你联系

同样，这也是一句极不负责任的话。

在客户提出的要求或问题需要花费一些时间解决的情况下，最好的回答是："三天以后一定帮您办好""某月某日以前我一定和您联系"。

给客户一个明确的答复，一方面代表销售员有信心帮助客户解决问题，另一方面也不会让顾客感到受愚弄。

以上是解决客户抱怨时应该避免使用的"禁言"，因为这些话语容易在有意或无意中对客户造成伤害，使抱怨升级，所以销售人员在面对客户的抱怨时，应该尽量避免使用。

5.任何时候都不要争执和批评

一位女士来到一家服装店，销售员问："您好，有什么需要帮助的吗？"

"我上个星期在这里买了一套衣服，但昨天用洗衣机洗过以后，却出现了严重缩水的现象，这是怎么回事？"

“这款衣服啊，其他客户都没有反映过类似的问题。您确定您的洗涤方法是正确的吗？”

“是啊。”

“那您在洗过衣服之后，有没有把它拉展一下？”

“为什么？”

“这种料子的衣服必须这样处理，您在购买的时候我告诉过您了。”

“没有。早知道我就不买了。”

“我早就告诉过您，要看衣服牌子上的洗涤说明，算了。我再拿一套给您吧。”

“我不要另外一套，我要退货，请将钱退给我。”

与客户进行争论甚至批评客户，这是销售员最大的失误。在上面的事例中，很明显是客户没有认真看衣服上的洗涤说明所致。但销售员却以批评的语气对客户说话，严重挫伤了客户的自尊心，让客户丢了面子，导致了销售的失败。

不管客户的措辞如何偏激，销售员尽量不要和客户起争端，因为争端不是说服客户的好方法。不论你和客户争辩什么，你都得不到好处。如果客户赢了，他就不会认可你这个人和你的产品。而如果你赢了，并且证明客户是错误的，他会感到自尊心受到伤害，也会怨恨你的胜利，虽然你占了上风，但你失去了客户。

所以说，销售员应该尽可能不要与客户争执，不要批评客户。争执和批评只能使问题更加恶化。

（1）对客户的感受表示认同

客户在投诉的时候，可能会表现出很多情感，如烦恼、愤怒、失望、泄气等，这都是正常的。此时，销售员不要把这些表现当作对你个人的不满，你要知道，他的愤怒情感总要找一个对象发泄，因此，客户冲你发怒，也仅是把你当作倾诉对象。

在客户有不满情绪时，为了维护好与客户的关系，理应给予重视并以最快的速度解决。所以销售员应该让客户知道你非常理解他的心情，非常关心他的问题。

销售员可以这样对客户说："李经理，实在抱歉让你感到不愉快了，我非常理解您的感受，请您……"

无论客户是否对的，他所发现的产品问题是否因为他误操作造成的，他的情绪与要求都是真实的，所以销售员只有在认同客户感受的基础上，才能进一步让客户说出问题，并找到解决方案。如果销售员一发现错误是因为客户造成的，就批评客户或对客户横加指责，这样不但不能解决问题，还会让客户的怒气更大，最终与销售员决裂。

（2）尽量克制自己的情绪

科学研究发现，当一个人面对另一个人的攻击时，会本能地做出搏斗或者逃走的反应，在这里，他的肾上腺分泌加快，心跳加速，身体自动会做出准备。这就是为什么销售员在遇到客户投诉时，要么想回避，要么心中会有股怒火，这些心态都会妨碍有效处理客户的投诉。因此，销售员应该学会抑制身体的这种反应，学会克制，让它回到安静的状态中去。

当顾客发怒、投诉时，就是向销售员施加压力，如果销售员以同样的态度对待顾客，顾客就会用更大的愤怒反击。但如果销售员克制住自己的情绪，以一种礼貌友好的态度对他，就会令顾客的怒火慢慢降低，直至恢复平静，这样问题就好解决了。

（3）说出客户的错误时要委婉

当销售员听完客户的投诉后，必须明确客户投诉的问题所在，责任所在。如果责任在产品或销售员这方，销售员应该毫不犹豫地向客户道歉，并提出相应的补救办法：如果责任在客户一方，因为他的使用不善或者误操作导致了问题的发生，销售员应该婉转地说出错误所在，不能正面直接批评客户。如：

“小姐，这个问题是因为错误操作造成的，说明书上有详细的操作方法，是我的问题，很抱歉在您购买产品的时候没有详细讲解给您听，我现在讲给您好吗？”

当客户发现问题在自己，而你又这么委婉时，他就不会对你再有什么恶意，而是在心中充满了感激。

6.最好的潜在顾客就是目前的顾客

精明的销售员决不采取商品售出后即置客户于不顾的方式。一个有经验的老销售员说过："最好的潜在顾客就是目前的顾客。"如何留住老顾客，并以此发展新顾客，其最主要的方式是通过售后服务来检查顾客的满意程度。电话征询是最便捷的沟通方法。

例如，广州有一家护肤品销售公司，对其销售人员提出了"333售后服务"的要求。

（1）3天后

即在顾客购买产品3天后，销售员就应该打电话了解顾客对产品的使用方法，其目的是及时发现顾客使用产品中的不妥，给顾客带去非常关心他的感觉。

推荐用语："张小姐您好！我是某某公司的美容顾问，您前天在商场买的晚霜开始用了吗？"

"这个产品由于营养成分高，您使用时应注意……您是这么用的吗？"

"好，每天坚持用，过一段时间一定会有效果的。"

"使用过程中，您随时可打电话给我。"

（2）3周后

顾客购买产品3周后，销售员要打电话倾听顾客的使用感觉。其目的是了解顾客对所使用产品的感觉，树立顾客对品牌的信心。

推荐用语：“我们的产品您使用后满意吗？”

“您使用后的效果明显吗？用与不用不一样吧？”

“我们许多顾客在使用产品3周后，都反映效果不错，您用了感觉怎么样？”

（3）3月后

顾客购买产品3个月后，销售员要适时了解顾客皮肤的改善情况与进一步的需求。其目的是跟进服务，扩大销售。

推荐用语：“您对我们的产品和服务有什么意见吗？”

“您的皮肤状况一定有所改善吧？有时间的话，请来我们专柜，我给您测试一下。”

“现在季节转换了，人的皮肤随着季节的变换，有不同的护理要求。我们公司最近刚好进了一批新品，很适合您，有空来看看。”

“产品用完了吗？经过3个月，您可以进一步用某某系列的产品了。”

请注意：不要每次打电话都邀请顾客来柜台购买商品，这样会留给顾客您不是真正关心他的皮肤而是在关心他的钱的感觉。